行政入門

Public Administration
A Very Short Introduction

ステラ・Z・セオドゥールー／ラビ・K・ロイ 著
石見　豊 訳
Stella Z. Theodoulou & Ravi K. Roy

芦書房

PUBLIC ADMINISTRATION

A VERY SHORT INTRODUCTION

First edition

by

Stella Z. Theodoulou & Ravi K. Roy

序文

グローバル時代の現代において、有能な行政官とはどのような人をいうのだろうか。平易な入門書である本書の以下の頁では、行政の研究分野と専門的な実務についての慌ただしい旅に読者のみなさんを誘う。その道々では、行政がその初期から現在に至るまでどのように発展してきたのかを探っていく。歴史的な探求の過程で、リーダーシップや管理の原則が有能な行政官であることを特徴づけてきたことをいくつかの例で解説していこう。

行政とは何か。なぜそれが重要なのか。社会の集団としての目標を達成するために、市民の指導者は行政官僚制の組織やその管理方法を学ばなければならない。より具体的に言えば、行政は、近代文明を持続させるために必要で重要な行政サービスを開発し、提供するために必要不可欠な管理やリーダーシップについての「技術」であると言えるかもしれない。市民の安全や社会福祉から交通、教育などの分野まで、公共セクターを通じて提供されるサービスは、私たちの日々の暮らしと切り離せないものとなっている。例えば、道路や高速道路、救急サービス、情報ネットワーク基盤、水道や電力などの公共サービスや公益事業がなかったならば、私たちの暮らしがどうなるのかを考えてみよう。私たちはこのようにして供給される必要不可欠な「公共財」を当然のものとして利用している。私たちの多くは、それらを提供する複雑な過程を考えたり、理解したりすることをほとんどせずに、日々、それらを利用している。さらに悪いことに、近代社会を悩ませるすべての問題を、「大きな政府」や「怠け者で無気力な行政官僚制」のせいだと非難することが流行っている。

そのような激しい非難は、米国の右派に属する人たちの間で近年行われている政治的キャンペーンにおいて強化されてきた。しかしながら実際は、政治的イデオロギーの右と左の両陣営に属する人たちから、これらの重要なサービスの多くを徹底的に削減するようにとの政治的圧力が高まっている。緊縮財政への要求はより大きくなり、世界中の近代的な政府は「より少ない財源でより多くのことをする」ことを求められている。この傾向はそう遠くない未来においても続くことが予想される。したがって、今日の世界で働く行政官にとってこれは「新しい標準」と考えられるようになるだろう。政府は「問題であり、解決策ではない」とする益々厳しい政治情勢の中で、行政官たちは働くことを強いられるとともに、現代という時代の中でどのように統治するべきかを大胆に再考することが求められている。

団塊の世代が大量に退職することで、有能でよく訓練された新世代のリーダーや管理職が、政府にとって必要不可欠なポストに就く道が開かれていく中、公共部門の機関は前例のない事態に直面している。公的部門の管理職や指導者は、公共部門の役割についての理解を深める必要がある。そして、彼ら（公共部門の管理職や指導者）がこれらの雇用機会にふさわしい者になるには、グローバル時代の中で公共部門がどのように再編されるのかについても理解を深めなければならない。行政に関係する学部および大学院レベルのプログラムの両方で入学を希望する志願者が、世界中で爆発的に近年増加していることはこのことを証明している。

この分野に関する理論について確実で包括的な内容を提供する教科書や他の文献には事欠かないが、これらの要素を歯切れよく読みごたえのある内容にまとめたものは少ない。この魅力的なトピックの起源や継続的な発展を支えたいくつかの主要な歴史的な動きや傾向を調べる魅力的な旅に読者を招待しよう。実際、世界中のさまざまな国々や地域におけるこれらのトレンドの具体的な表れを探求することに読者を誘う。この方法に沿って、一般的な概説以上のものを提供しながら、現代において最も熱く論じられている次のようないくつかの問題に挑む。その問題とは、「政府は企業のように運営されるべきか」どうか、あるいは公共サービスの民営化は、納税者に常にサービスの質の向上をもたらし、費用削減のための適切な手段となるのかどうか、テロから市民を保護する政府の監視活動が個人のプライバシーや自由を侵害しているのかどうかなどである。

私たちの経験や知的な専門的知識を用いて、米国、カナダ、英国、ヨーロッパ、オーストラリアなどの読者の共感を呼ぶように、私たちの議論を注意深く組み立てた。さらに、本書で論じられるテーマを説明するために用いた事例研究の多くは、アジアやラテン・アメリカの読者にも大いに役立つ。行政官を待ち受けている途方もない課題に立ち向かう準備をするために、本書はこの分野の重要な歴史と背景に焦点をあてて解説する。本質的に高度に複雑なトピックを扱いながら、本書は行政官が現代的なジレンマに直面する時により良い答えを出す手助けをする実践的な洞察を提供する。

本書では、*Very Short Introduction* シリーズの親しみやすさに合わせて、一般的な論稿を厳選した。読者が興味を持つようにレベルを整えながら、読者に非常に豊かで高度で複雑な主題に関する魅力ある概説を提供することを目的としている。簡便な本書の中で論じられたトピックやテーマについての基礎をよく理解した読者は、より深く主題を探求することができよう。そのような読者に対しては、より詳細な議論や分析を提供する図書および他の文献の一覧を巻末で参考文献として提供する。

貴重な支援をいただいたカリフォルニア大学ノースリッジ校、南ユタ大学、クレアモント大学院大学、カリフォルニア大学サンタバーバラ校の同僚や友人に感謝したい。オックスフォード大学出版局のAndrew Keeganおよび彼女のすばらしいチームに特別な感謝を捧げたい。私たちのそれぞれの家族、Joan, Nicole, Yianna, Marti, Alexに深い愛情と感謝を表したい。本書を準備するにあたり、実に数えきれない人々に非常に面倒をかけ、相談もしてきた。しかしながら、残された至らない点については私たちのみが責を負うべきである。

もくじ

テキストボックス一覧

第1章　現代行政の全体像

私たちが参加した最近の大学進学フェアで、入学希望の学生が私たちの学部の代表者に近づいてきて、「行政とは何か、その分野の学位を持っていたらどんな種類の仕事に就くことができるか」と鋭い質問をした。キャリア志向の若い女性は、「私はもちろんこの分野については聞いたことがあります。誰もが知っています。しかしながら、それが正確には何なのか、何を教えるのか」と質問し続けた。彼女は重要な問題を提起していたが、おそらく自分でも気付かないうちに、研究者や実務家の間で同様に長く激論となり続けてきた議論がつまずきの石となったのだ。直接的な説明をすることを控えて、学部の同僚は「行政とは、私たちの国の国民に不可欠な公共サービスの提供において、公務員によって実施される数えきれない活動と関わるものである」と簡潔に言った。「行政官は、法律の執行から都市計画に及ぶ役割を果たし、彼らは、市役所から大統領府までのすべての機関で働いている。明確に定められた教育期間の中で、私たちは指導者として、行政を学ぶ学生たちに、これらの必要不可欠なサービスを適切に『管理する』ために求められる職業上のリーダーシップと管理技能を提供することを目的としている」と学部の同僚は説明を続けた。この簡潔な説明は、この分野の役立つ情報として質問者を満足させたように見えるが、話はまだまだ続くのだ。それゆえ、私たちは、この複雑で魅惑的なトピックをより深く探求することにあなたを招待する。

「職業的行政官」という概念は、歴史の上では約四〇〇〇年前のメソポタミア帝国と結びつけられることが多いが、部族を統率する原始的形態は、一万年前の石器時代にまで遡ることができる。実際、文化人類学者のハーバート・S・ルイスが指摘したように、「リーダーシップは社会内で集団活動を組織する上で基本要素である……リーダーシップはたいていの政治的生活、政治的競争および闘争の中心もしくは中心近くに存在する」。人類は、共同生活を営む人々の集団を維持するために必要なさまざまな活動を監督する役割を市民のリーダーに常に期待してきた。市民の中のリーダーたちの役割は、果たすことが期待される責任や彼らが行使する権力に応じて、文化によって大きく変容する。部族の長、封建領主、民主的に選出された公職者のいずれの形態においても、市民のリーダーは、どの社会においても、決定を行い、目的を達成するために必要なリソースを動員することを求められる。しかしながら、市民のリーダーは、これらの目的を実行に移すために、彼らに従属する「役人」を広範に配置することで支えられている。これらの目的遂行に関わる数えきれない「役人」の活動は、行政による「アート」として集合的に言及される。

その中核は、行政は、リーダーシップや管理機能、そして、公的部門の「統治」に関わる公務員によって実行される命令などから成る幅広い指導・命令から成り立っている。ローレンス・E・リーン、ジュニア・カロリーン・J・ハインリッヒ、カロリーン・J・ヒルによれば、統治は、「公的に支援された目的やサービスの提供を強制し、規定し、可能にする体制や法律、規則、司法上の決定、行政的実践」に関係している。私たちの暮らしのすべての面で、行政は、日々、「日常レベル」で権力を行使する官僚たちを配置・配転する継続的な過程、慣例、活動、行動、裁量的な決定から成っている。それゆえ、行政は、高位の公職者により担われる権威的な活動以上の多くのものを含んでいる。実際、数百万の行政官たちが、保健から失業者支援、職業訓練に及ぶ社会サービスと同様に、都市計画、公共交通、予算、政策評価、選挙監視および監督、法執行、消防に関係する分野で仕えている。進学フェアに参加した入学希望の学生に学部の同僚が示したように、行政官は、国の大統領や首相、内閣の閣僚から、地方自治体の駐車場の管理者にまで及ぶ広範な地位で働いている。

統治のプロセスに関わる公的な権限や機関の間の相互作用は非常に複雑である。例えば、米国の相対的に分極化した行政システムは、五〇の州政府やカウンティ、自治体、地区レベルで運営されている九万近くの他の行政単位と統治の責任や権限を共有する中央政府で構成されている。数百万の行政官をスタッフとして有する米国の巨大な公的部門は、公共事業や児童保護から食品安全、社会復帰プログラムにまで及ぶ市民に必要なサービスを提供する。対照的に、英国は、中央政府が特定の機能や権限をさまざまな「サブ・ナショナル」な行政単位に委譲する相対的に集権化された体系を有している。英国の地方行政は、三〇〇以上のディストリクトに分かれている。そして、それらは大都市圏ディストリクトと非大都市圏ディストリクトに分類される。これらのディストリクトは、市長と議会により統治される。公共交通や住宅から公衆衛生、教育までの幅広い分野を担いながら、これらの機関は極めて重要なサービスを提供する。統治はその元来の性格付けゆえに、政治と密接な関係にある。この点についてさらに詳しく見てみよう。

大いなる政治的矛盾

時間の経過とともに、行政官の機能や権限は、市民の要求に応じて急激に成長してきた。増大する公的財源による、奨学金や小規模民間企業を支援する政府資金の提供と管理に対して政府に寄せられる期待はその典型的な例である。公的部門のサービスに対する市民の需要や期待は増大し続けるが、「政府」への大衆の満足度は同時に減少しているという大いなる矛盾がある。米国の市民は、高額の税金や安全を確保するための監視活動により、彼らの私生活に政府が干渉することが大いに制限されることを望む一方で、彼らがそれを必要とする時には、彼らを援助する政府支援が増加することを同時に主張している、とある著名な研究者は指摘した。実際、米国における世論調査は、ほとんどの市民が政府に対して否定的な見方を持っていて、特に、官僚制からは「無駄」や「非効率」を連想することを明らかにしている。ただし、これは米国に限ったことではない。二〇一三年六月一一日のCNNの解説では、有名なピュー研究所のグローバル経済動向の責任者が、オーストラリアの住民の七五％近くは彼らの個人的な経済的境遇に満足しているが、五〇％未満しか政府の方針に満足していないことを明らかにした。「政府」と「官僚」に対する不満は、同様に多くのヨーロッパの国々においても広範に抱かれている感情である。

13

「アカウンタビリティ」「効率性」「業績」などの決まり文句が、勢いを増している人気の

「良き統治」改革運動の政治的スローガンに世界中でなってきた。最近では中道右派の政治運動がこれらのテーマを繰り返し、緊縮財政を促進し、政府財源の大幅な縮減を確保している。今やグローバル時代の現実の一部になった一連の注目度の高い危機への政府の対処法に対する大衆の幻滅感情の高まりを政府は反映している。非国家的な主体により犯されるテロ攻撃もしくは市場の失敗から生じる金融危機（そして大規模で体系的な不正行為）は、世界の特定の地域で発生するかもしれないが、ある国から次の国へと急速に広がり、全国レベルおよび地方レベルでしばしば途方に暮れるような大きな影響を生み出す可能性がある。政府は「市民を守るために十分効果的な対策を講じていない」またはその後の対応が効果的でなかったという見方を反映して、政府に対する大衆の態度は益々否定的になってきた。自分たちの管理範囲をはるかに超えてしばしば起きるにもかかわらず、このような大災害の責任を「居眠り」をしている「政府の官僚たち」に帰す市民の見方は、政治的には都合よく、個人的には慰めになることも多い。気まずいことに、これらの出来事の後始末は、財政難の公的機関の肩にのしかかる。

政治と行政が衝突する時

現代行政の現場と実践の両方の特徴として、政治的意思決定はどこで終わるべきなのか、そして、政治的に中立な管理や運営業務はどこで引き継がれるべきなのかという、常に悩ましい問題がある。政治の世界と行政の過程とが衝突する時、いくつかの興味をそそるドラマが作られる。この顕著な例を、最近の重大な政治的対立の中に見出すことができる。二〇一三年一〇月一日、およそ過去二〇年間の中で初めて米国政府が閉鎖されたことを、世界は当惑して眺めた。重要な予算案をめぐる国のトップの政治的リーダー間の政治的行き詰まりから生じた非常に厳しい試練によって国全体の連邦行政は不安定な状態に置かれた。国立公園や、多くの連邦政府機関、そして、国の宇宙計画などが閉鎖を余儀なくされ、公的部門の一〇〇万近くの雇用がその影響を受けた。その閉鎖は、一日に三億ドル近くの経済的損失に値するとの見積もりも出され、マイナスの影響は民間部門にまで達した。それは、近年のグローバルな金融危機から脆弱になった国の経済的回復を遅らせる危険があった。

予算上の行き詰まりが、行政的過程で大きくなることはなかった。例えば、二〇一四年予

Box 1　米国の医療保健をめぐる取引

2010年、米国の国会議員たちは、政治的に論争の的となっているアフォーダブル・ケア法案（ACA）を通過させた。その歴史的な法律により、連邦政府が認定するさまざまな民間業者が提供する健康保険を消費者が購入できる市場として機能する「健康保険取引所」が2013年に設立された。また同法は、州に独自の取引所を設ける、他州との広域的協力組合を設ける、連邦政府と連携するという選択肢を認めた。保健福祉登録のウェブサイトの設定と管理のプロセスは、州の行政官にとって非常に困難なものとなった。開始当初の段階では、独自の健康保険取引所を設けた14州のうちの5州で、登録ウェブサイトが抱える諸問題を改善するために2億5000万ドル近くの支出を要すると予測された。

算における三三〇〇万ドルの巨額赤字を補うために債務上限（国債限度額）を引き上げる決定などをめぐる、国の二大政党による高まる政治的闘争の中でそれは大きくなった。断固たる行動が欠如する中、米国政府の公的債務契約が不履行になるのではないかという憶測が高まり始めた。拡大した対立が、世界全体の金融体制の崩壊を引き起こすかもしれず、投資家のパニックが燃え広がることを、多くの人々が怖れた。最も信頼のある信用評価機関の一つであるスタンダード・アンド・プアーズが米国の公的債務の評価を下げた時、つまり、国の借り入れ能力が制限される可能性があることを決定づけた時、投資家の懸念が裏付けられた。行き詰まりの日が長引くにつれ、国の指導力や行政能力に対する信頼は薄れていった。

どうしてそうなったのか。政治的に言えばどちらの党派からも非難の矛先が向けられた。議会の中道右派の政党指導者たちは、国の急激に悪化する債務問題は、バラク・オバマ大統領や彼の左寄りの政治支持者が好む大規模支出によると批判した。野党指導者たちは、予算の行き詰まりを、社会的支出の大幅削減に対する交渉の機会と見た。その間、米大統領は、「オバマケア」として一般に知られる国による歴史的なアフォーダブル・ケア法（Ｂｏｘ１参照）への支出を取り消す陰謀を企て、予算プロセスを人質に取っていると政敵を非難した。最終的には予算に関する妥協が微妙な形で成立し、本格的な危機は回避されたものの、一六日間の対立は、政党政治が政策および行政過程と密接に結びついていることを示した。それはさらに、党派政治が国の全体的な行政システムをどれほど崩壊させるかも示した。

政府はビジネスのように運営されるべきか

政府支出を「緊縮」するようにとの政治的要求が高まるにつれて、公的機関は財源の不足に直面する中で、新しい命令や機能、任務を行うことを引き受けざるを得なくなっている。

別の言葉で言うと、すべてのレベルの公的機関は、「少ないものでより多く」行うことを求められている。公的統治に関する「スリムでけち臭い」形態への飽くなき探求により、国・地域・自治体の場にまたがる政策立案者や公的部門の管理者は、プロセス重視の実践から、「経済的に合理的な」成果へと益々重点を移さざるを得なくなっている。例えば、過去三〇年間において、行政官は、費用便益分析や他の業績に基づく基準のような定量的に測定された目標に合致するプロセスやサービス提供手法を採用するよう求められてきた。実際、行政における主要な緊張の原因は、「公正」や「公平」などの民主的な価値と、「業績」や「効率」などの市場的な価値の間で対立が展開されてきたことにある。

公的部門に対する否定的な態度は、「政府は問題であり、解決策にはならない」という感情が増え続けていることを反映している。そのような感情は、人々を引きつける「政府はビジネスのように運営されるべきである」という呪文を繰り返してきた。このような動きの先駆者の一人は英国首相（一九七九〜九〇）のマーガレット・サッチャーだった。英国における公的支出の増大は政府の「抑制の効かない」増大に主として起因するものであるとサッチャーは信じていた。その結果、国家の膨張した官僚制に財源を供給するために増税をするという考えを彼女はひどく嫌った。民間部門が「より良く行う」という見方は、現在（本書執筆時）

の英国首相であるデイビッド・キャメロンによっても共有されている。最近、キャメロンは、「国家の安全保障以外の公共サービスはより良いサービスを提供するため、一定の範囲で競合する提供者に開放されるべきである」と述べた。政府とビジネスが連携して機能的にうまく活動できる社会にとって、これは本質的なものである一方、効率に関するビジネスの論理を公的部門に（生産性を最大化するために）適用すると、二つの部門の目的と機能が根本的に異なることを知ることになる。簡単に言うと、公的部門は「公共財」もしくは他のサービスを社会に提供するために存在する。その社会では、税などを支払う人だけでなく、誰もが排除されることはない。このサービスには、公教育や公共の道路のような不可欠なものを含む。対照的に、民間部門は、市場で私的に販売され、個々に消費される財やサービスを提供する。

ビジネスの合理性を公的部門に適用することが適切かどうかを問題にしている経済学者のT・ハービーは、「利益を上げるもののすべてに社会的価値があるわけではないし、社会的価値があるもののすべてに利益が伴うわけではない」と論じた。例えば、ドキュメンタリー番組もしくはポルノ映画のような多くの私的に売買される物品は民間市場で高い利益を上げるかもしれないが、それらは社会に貢献する機能という点ではあまり社会的な価値を提供しない。他方、国防、公共の安全、普通教育のような必要不可欠なサービスは、莫大な社会的価

Box 2　レイルトラック民営化の大失敗

「民間部門は公的部門より常により効率的である」という一般的な意見は、いくつかの名の知れたぶざまな民営化の例により反証されている。例えば、公的に運営されていたブリティッシュ・レイルは、1980 年代に分割され、民間投資家に安価で売却された。新しい枠組みの下で、線路、信号機、駅の運営は、民間企業のレイルトラック社が監督し、旅客サービスは、28 の別々の会社によって引き継がれた。民営化の形態は、公的で一元的な交通ネットワークの運営を、100 以上の別々の民間企業および下請け企業に分割することからなっていた。結果的に、英国は、極めて重要な運輸安全上の設備を監督するのに本質的に失敗し、多くの断片化された体系になった。これが、結果的に 30 人の死者と 400 人近くの負傷者を出す一連の悲劇的な衝突事故を招いた。

値を提供している。しかしながら、これらの財源を負担する市民が直接的な現金収入を得るわけではない。

環境が適切であれば、公的部門は民間部門の管理方法や実践を採用し、大きな成果を上げるかもしれない。しかしながら、それらに従事する政府機関や行政官は、ビジネスと異なり、非常に広範な構成員の利益への説明責任を有しており、他の政府機関から監督されていることを忘れてはならない。それゆえ、車両登録や裁判の公的記録を管轄する部門で、公的部門のプロセスやサービスを統制するのを、ファイル管理や倉庫管理などのような民間部門に任せることは、市民のプライバシー権を毀損する潜在的危険性がある。さらに、これらの必要不可欠な機能を民間に外注することは、民主的な説明責任や監視という範疇の外にそれらを移すことになる。

社会的なサービスに財源を供給するために累進課税を通して富を再配分するという公的部門の歴史的な使命を軽視して結成された米国のティー・パーティーは、オバマの「大きな政府」による経済再生策や国民医療保険制度に反対するけんか腰の反政府キャンペーンによって、二〇〇九年に国政の場に躍り出た。グループに属すメンバーには、サウス・カロライナのジム・デミントやテキサスのテッド・クルスなどの共和党上院議員のいわゆる「右派」や、ミネソタのミシェル・バックマンやテネシーのマーシャ・ブラックバーンのような下院議員が含まれていた。その登場後すぐに、多様なテーマを掲げる反政府的なポピュリスト運動が世界中で芽を出し始めた。「極右」から、より極端なファシスト的な運動、例えば、英国独立党（ＵＫＩＰ）、ドイツのための選択肢（ＡｆＤ）、ギリシャの黄金の夜明けなどがこれに該当する。

行政と世界的混乱

上記で論じたように、地球規模での気候変動やテロが、政府のすべてのレベルで働く行政官たちの膨大な仕事を妨げている。世界中の国々において地方行政官たちは、彼らの管轄外で始まった危機を管理することに熟練しなければならない。相互に関連しているかに見えるグローバルな工業化と都市化は急速に進展し、地方行政官たちに歴史的課題を課し、責任の範囲と専門的技術の領域の拡大を余儀なくさせている。実際、世界を牽引する大都市エリアは、都市の成立を困難にする都市の過密化やスプロール化などの課題に揺さぶられ、行政上の大きなジレンマに直面している。行政官たちは、現在のインフラストラクチャーや市民のリソースがあっという間に枯渇してしまうので、効果的な解決策を打ち出すことを求められている。世界規模の生産と関連して急速に増大する炭素による公害レベルの高まりは、近年、気候変動関連の自然災害を増加させ、その頻度、激しさの両方を高めてきた。同様に、これらの出来事は、地方行政官たちに膨大なジレンマをもたらし、大都市エリアに大混乱を与えてきた。グローバル化と結びついた趨勢のいくつかが地方行政官たちにどれほど影響を与えるかを二~三の例によって簡単に見よう。

米国では、自治体の行政官たちは、自然災害もしくは市民の安全への脅威に対して初動対応する役割を任されている。国の行政官と地方の行政官の調整やコミュニケーションが危機もしくは非常時に重要となり求められる際、有名なハリケーン・カトリーナによる自然災害

写真１　水没したニューオーリンズ
出典：FEMA stock photo/@FEMA

の爪痕が明らかにしたように、行政上の失敗の結果は悲劇的である。二〇〇五年夏に、カテゴリー１として発生したハリケーンは、あっという間に時速一二五マイルの勢力に発達し南ルイジアナ海岸を破壊した。激しい雨と非常に強い風が、ニューオーリンズ市を取り囲むエリアに打ち付け、市域の八〇％が水没した（写真１）。都市住民のほとんどはハリケーンが上陸する前に上手に避難したが、へんぴな農村地区の住人の多くは自力で何とかするようにと置き去りにされた。水かさは上昇を続け、近隣の運河の堤防からあふれ始めた。堤防は最終的には崩壊し、危険な大洪水となった。いくつかのエリアでは、水かさは一五フィートに達し、地方や州、連邦の行政官（管理者）と職員は、当時の救済計画やリソースがひどく不十分なことにすぐに気づいた。ハリケーンそのものが最終的に収まり、水が引き始めた時、被害が調査された。骨も凍るような試算によりおよそ三〇〇人の命が最初の災害で失われ、より多くの人々の命がそれに続く洪水または決して到着することのない救助を待ちながら失われたという冷徹な現実が明らかにされた。一〇〇万以上の人々が傷つき、立ち退きを迫られ、家を失った。一〇兆ドルの建物被害が発生した。

しかしながら、すぐに世界が目撃するように、本当の悲劇は、「政府の非効率」と「無能」を象徴することになる緊急対応活動の大規模な失敗にあった。実際、二〇〇六年の政府報告書は、「上陸後の状況を把握できると予想した連邦・州・地方の職員の失敗が、洪水後の避難や援助を遅らせた」ことを後日認めた。「大災害」と「通常の災害」の区別を難しくしていたガイドラインが、すべてのレベルの職員が洪水の激しさを認識し、連絡を取り合うことに失敗した原因であった。連絡が混乱し十分でなかったことにより、堤防の決壊後、約二四時間も重要な避難処置の実施を遅らせた。先駆的な行政学の専門家であるドナルド・ケトルは、「カトリーナに直面した時、すべてのレベルの政府が失敗し」、「この対応の失敗は米国史の中でもおそらく最大の行政的失敗として位置づけられる」と述べた。

実際、すべてのコミュニケーション・サービスは役に立たなかった。四日近くも地上で互いに会話するいかなる手段もなく、政府の複数のレベルで働く行政官や救助機関が孤立していた。さらに悪いことに、主要なラインが崩壊した場合の偶発事故への段取りが準備されていなかった。国の連邦緊急事態管理庁（ＦＥＭＡ）長官のミハエル・ブラウンは、州知事や市長の間の議論から除外されていた。一方、国土安全保障省長官のミハエル・チャートフは、取るべき「適切な助言と忠告」をブッシュ政権に提供することに失敗した。それゆえ、連邦政府による援助が遅れた。ハリケーン・カトリーナは、行政上の愚行と結びついた自然災害が、歴史的な大災害においては究極的にはどれほど大きくなるのかという古典的な例を提供している。その後の災害救助では、多様な行政機関どうしの調整がかなり改善した。

地球規模の工業化と結びついて、世界のいくつかの大都市における過密問題が、世界中の地方政府の行政官たちをどのように困惑させているかを次に見ることにする。例えば、インドの多くの工業都市における成長は国へさまざまな恩恵をもたらしてきた。これは国の全体の純国内生産の実質的な増加に貢献したが、他方で、これはムンバイのような都市の公務員にとっては行政上の悪夢となった。ムンバイの一三〇〇万人の住民により日々生み出される大量の汚水とごみの管理をすることができないからである。都市のスラムで暮らす一〇〇万人の生活は、成長によりもたらされる問題の扱いにくさを印象づける。

中国の上海の都市計画立案者たちは、工場などでの雇用を求めて田舎から都市に流入し続ける大量の移住者がもたらす都市の甚だしい過密の問題を解決するために一所懸命に働いている（写真2〈訳者注：原書にある写真は翻訳時にはフォトライブラリーから削除されていたため掲載できなかった。原書掲載の写真は「都市密度の課題」と題されていて、アジアのある都市の雑踏風景である。〉）。北京のような大都市の周辺に生まれた、いわゆる「衛星都市」は過密化を吸収し、それゆえ、都市中心部への圧力をいくらか和らげている。しかしながら、それらの地域への新住民の流入は弱まることがなく、現在の都市施設や交通施設にはすぐに過重な負担となった。中国のより遠方の都市でさえ、人口は拡大している。指数関数的な人口増加に伴い、例えば、昆明の相対的にへんぴな南西の都市は、人口規模で次の数年のうちに米国の最大都市のいくつかを追い抜く状況にある。注意を南半球に向けると、メルボルンの公務員、ビジネス指導者、都市計画立案者は、増大する人口が必要とする新しいインフラや社会サービス需要に対処するために奮闘している。二〇二五年までに住民が五〇〇万人になり、二〇五〇年には約六五〇〇万人に急増することが予想されている。

すでに見たように、行政は現代生活と密接に関連した高度で複雑でダイナミックなテーマである。同時に、それは、行政というもののほんの表面をなでたにすぎない。本章の初めで入学を考える学生が提起した問題に戻ると、行政とは政治と政策、管理の交点に位置づけられ、政府の政策と事業の設計と導入を考察することであると言えるかもしれない。最も重要なことは、行政がそれらのことを実行するために必要な管理とリーダーシップを内包していることである。簡潔に言うと、行政は現実の世界における「公共政策」を実施するために必要な一定の範囲の政治および管理の過程を包含している。これからも思索の旅を続けていくが、その中で、専門的な実務と関連する学術的な原理の両者における行政に関するリーダーシップについて探索する。本書の後の頁で見るように、この両者は、密接に関連し、高度に流動的で、ダイナミックである。学術的な分野は、政府組織の任務を遂行することにおいて機能や運営の改善のしかたについて公的管理者を指導することに向けられる。これらが行政について指導する目的は、公共の管理者を「大衆からの預かりものとしての管理者」として価値のある者にするために、批判的な思考技術を磨く手助けをすることである。実際、民主主義は行政に依存している。

そうは言っても、行政官が今日の複雑な世界で果たす役割について把握することを始める前に、近代国家の発展や、近代国家における公共部門の役割や機能に関する変容について理解しようとしなければならない。危険なぐらい速いスピードのインターネットによる情報源への事実上無制限のアクセスは、市民が公務員の行為を考え、問うことを可能にした。この情報の質と正確さを誰が保障し責任を持つのかということが問題になる一方で、「透明性」の概念は、民主的説明責任の在り方の拡大と、まだ根付いていない領域へ拡大することへの期待を増大させている。地球規模での情報リソースの管理は、行政官にとって重要な問題となっている。

世界中の公的情報機関は、組織的な「能力」を増加させる刷新的な方法を探索することにより、これらの新しい要請に対応してきた。結果として、今日の行政官は常に変化する政治的および経済的様相に対処する柔軟な戦略と実践を採用することを強いられている。多くの公的機関では、高度に熟練した「公的部門の専門家」の新しい血は、「官僚制」の古いイメージを置き換えようとしている。その結果、行政プログラムへの学生の登録が、米国、英国、そしてヨーロッパのような地で、そして、はるか中国やオーストラリアでも激増しているのは驚くべきことではない。

第2章　ウェストファリアからフィラデルフィアへの旅

現代の行政システムを形作ってきたアングロ・アメリカの行政の伝統についての歴史的な全体像を次に見てみよう。後で詳しく見るように、「公」行政は、「民間」による管理の諸形態とは異なり、民主的統治と相互関係にある。しかしながら、これらの行政的伝統について考察する前に、近代国家の基盤や「人民主権」の登場に関する短い解説から始めることにする。

現代の統治と行政の起源は、一六四八年のウェストファリアの平和とともに始まった近代国家の誕生に帰することができると一般的に言われている。ヨーロッパ大陸中央部の大半を破壊的な状態に追い込んだ三十年戦争（一六一八〜四八年）を終結に導いたウェストファリア条約は、新しい国際的に承認された国境線を設定し、新しく創設された主権国家に人民と領土を統治する正統性を付与した。これらの主権という権威の下で、国家は新しい集権的な行政システム、基準、国内および国際問題を管理する協定を設けることができた。

英国や米国、フランス、インドのような国々において、近代の民主的な行政システムを支えた政治哲学は、「人民主権」の概念に根差していた。正統性のルールは「人民の同意」（もしくは被治者の同意）に依存していることを前提として、人民主権とデモクラシーは、今日、しばしば密接に関連していると考えられている。人民主権は、イングランド国王チャールズI世の統治を廃する結果になった英国の内戦（一六四二〜四九年）により芽生えた。チャールズI世の死後、イングランドは「コモンウェルス」を宣言し、数年間、庶民院に統治の最高権限を与えた。

一六四二年に初めて引き起こされた痛ましい出来事の主な原因として、英国の哲学者トマス・ホッブズは、内戦と自然に起こると信じていた無政府状態をひどく嫌った。社会における政治的・社会的安定は強力な主権による統一的なルールに依存しているとホッブズは考えた。したがって、体制の正統性は政治的統合を維持し、恒久的な平和を保障する権能から拡大したと彼は論じた。一六五一年、ホッブズは彼の最も有名な業績である『レヴァイアサン』

を完成させた。その中で、彼は社会契約を通じた政治的・社会的秩序を確保する重要性を強調した。こうしたルールの下では、市民は中央政府の主権に集合的に同意する。王党派のホッブズは、この目的には君主制が最も適していると論じた。しかしながら、（ホッブズにとって嬉しいことに）英国の君主制は復活することになるが、君主の主権は縮小されることになる。

人民主権に向けてのゆっくりとした歩みは、一六八八年の名誉革命まで継続した。それ以降、税や国王の任命権、戦争、儀式に関する支出、政府予算などの事項を管轄する法的および行政的権限は、君主の主権的領域から議会に移管された。この過程では、議会は政府の主要な行政的機能を担うことになる。絶対君主の「独断的」で「気まぐれ」なルールへもはや従属しないこれらの革命的な制度変化が、政府の意思における正統性と予測可能性の意義を高めた。つまり、これらの歴史的出来事は、来るべき世紀において行政が引き受けることになる民主的性格を形成することに究極的に寄与することになった。実際、英国は形式的には立憲君主制であるが、代議政治の規範と制度がその政治システムにしっかりと組み込まれている。

啓蒙思想家のジョン・ロックは、絶対君主は市民が統治するようになった社会とは相容れないと力説して、人民主権概念に信任状を与える革命の正統性を強烈に主張した。一六九〇年に出版された『統治二論（市民政府論）』において、彼は小さな政府について提唱した。すべての正統性を持つ政府はその権威を人民の暗黙の同意から得ていると仮定して、いかなる特定の支配者もしくは体制による法律からも独立して、すべての人間は自然権を有していると主張した。実際、ロックは、「政府の目的」は「生命」「自由」「財産」を守ることであると主張した。

ロックの哲学的な見解は、行政官としての彼自身の経歴からおそらく形成された。多くの作品を著した哲学者は、フランスでの外交官職、商務評議会の書記官、米国の商務・植民コミッショナーなど数多くの行政職を歴任した。ロックは、政治的に偏りのない行政官は、人民の利益や「公共善」が実現されるように、法の支配の下で統治しなければならないと信じていた。しかしながら、同時に、ロックは公務員がその職務と任務を遂行する際に、ある程度の行政的裁量権と自立性をもって自由に活動すべきであると明確に理解していた。

米国行政学の初期の伝統

小さな政府や人民主権に関するロックのアイデアは、米国の独立戦争と憲法の両方に影響を与えた。英国からの独立を勝ち取った米国人は、英国の法や公的統治および行政の多くを保持した。実際、トマス・ジェファーソンは、米国の独立宣言を起草する際に、ロックの哲学的な議論から着想を得た。同様に、ジェームス・マディソンは、一〇年後に合衆国憲法を作成する際に、ロックの小さな政府や社会契約の考え方を拠り所とした。同様に、私たちが現在目にするように、政府や行政の役割に関するジェファーソンやマディソンのそれぞれの見解が最終的に、今日普及している個々の行政的伝統を形成することになった。

行政学者のドナルド・ケトルは、いわゆるハミルトン、ジェファーソン、マディソンの伝統に関する全体像を明確にして、行政や市民統治に関する現代の議論とそれらの関連について説明している。市民の「奪うことができない」権利を十分に保護できる力のある政府はまた、それらを剝奪するに十分に強力な力をもっていることを認識し、米国の創始者たちは、行政効率と市民個人の自由の間で適切なバランスを取ることに努めた。その結果、彼らは効率的な政府を推進する一方で、他方では政府の権力に厳格な憲法上の制約を課す行政上の提案に取り組んだ。彼らは、市民への説明責任を保障する最善の方法をめぐって今日まで続く長い議論に巻き込まれることになった。

中央集権的な国（連邦）権力の必要性を強く信じていたため、ハミルトンは「フェデラリスト」として知られるようになる政治的派閥と同一視された。中央集権的な国家権力に懐疑的で、サブ・ナショナルな機関が主権を持つことを熱心に支持していたジェファーソンは、「反フェデラリスト」として知られた対立する派閥であるとされていた。統治や行政に関するジェファーソンやハミルトンの中間あたりに位置するのが、マディソン的な伝統である。これらの伝統のそれぞれについていくぶん深く、簡潔に考察してみよう。政治的権力の乱用を防ぐために、政治や行政上の権力を個々の機関に分離する必要性を強調して、マディソンは、「抑制と均衡（チェック・アンド・バランス）」として知られる体系を採用した。それには、執政（大統領）、立法（議会）、司法（裁判所）といった三つの対等な部門に国の政府の権力を分離することが含まれていた。立法府は法の制定に主に責任を持ち、行政府は法を管理し、裁判所はその法に裁定を下した。しかしながら、実際には、政府の三つの部門に割り当てられた権限は部分的に重なっていたので、一つの部門が他に対して過度の権力を行使することはできなかった。例えば、大統領が非常に多くの権限を奪取しようとすると、議会により弾劾され、その職から放擲されることになる。同様に、もし立法府が憲法に抵触すると思われる法を制定しようとしたならば、連邦最高裁がそれを否決することができた。たいていの場合、立法府と行政府は法を制定するために政治的合意に達しなければならなかった。

大統領と連邦議会の間の権力の均衡を維持するため、マディソンの憲法上の設計は、政府のこれらの部門の間に恒久的な緊張関係を生み出す方法でなされた。マディソン的な体系は、何かを成し遂げるためには、広く支持された政治的合意に達することを政策立案者と行政官に強いる。確かに、この過程にはしばしば、長期にわたる交渉と長期にわたる妥協を伴い、政策や行政上の変化をゆっくりしたもどかしいものにする。極端な場合、これらの緊張が強烈で破壊的な対立に発展することもある。私たちは、第一章で、二〇一三年の予算をめぐる膠着状態において、オバマ大統領と議会における反対党による顕著な例の一つを見た。読者は思い出すだろうが、その事例では、行政府と立法府が予算上の妥協に達しなかったことにより、世界全体は経済危機にさらされた。しかしながら、米国の抑制と均衡に関する体系を分析する時、マディソンの焦点は行政上の便宜を最大化することよりむしろ専制政治の脅威を最小化することに向けられたことに留意することが重要である。

対照的に、いわゆる「ハミルトン的」アプローチの支持者たちは、国家の統一性を鼓舞し、明確な米国の政治的アイデンティティを生み出す強力な「連邦」政府を唱えた。ハミルトンは、強力で相対的に自律的な行政府が何かを成し遂げるためにはよく機能する行政システムが必要であると信じていた。フェデラリスト・ペーパーとして知られる数々の論文の中で、ハミルトンは、強力な行政府が、法の管理における一貫性とともに、国家の安全保障や治安を最も保障すると論じた。ある論文において、「行政の弱体化は、政府の執政の弱体化を意味する。また、弱体化した行政府は悪い行政府の別名でもある。そして、理論的にはどうであっても、悪い行政が行われている政府は、実際、悪い政府に違いない」と断定的に論じた。

ハミルトンや彼のフェデラリストの一団は行政による統治により階統制なトップダウン・アプローチを唱えて、強力な中央政府の拡大に関与した。それゆえ、州権の潜在的な敵と見られた。ハミルトンは、米国を究極的には世界中で英国の覇権に挑戦する潜在的な工業大国とみていた。彼の見方を実現するため、国の工業的成長に資金を提供するものとして中央政府に目を向けた。その目的に向けて、ハミルトンは後に、国家の独立戦争の際の債務を整理し、貨幣を安定化させるために、合衆国の初代財務長官として行政権を用いて合衆国初の銀行を設立した。国家財政を集権的に統制しようとして、ハミルトンは中央政府の権限をさらに拡大した。

大きな政府を率直に批判していたジェファーソンは、集権的な権威について懐疑的だった。それゆえ、政治的および行政的な権力のほとんどが州に留保される共和国を彼は心に描いていた。ジェファーソンは、国を主要な工業大国として建設することへの関心は低く、代わりに州にそれぞれの運命を追求する柔軟性と自治権を提供することに集中した。ハミルトンが強力な行政権の価値を信じていたのに対して、ジェファーソンは過度の統治権や権威を単一の行政職に付与することを専制への可能性として恐れた。強力な君主のような行政府を疑う彼の生来の不信感に導かれて、ジェファーソンは国家の主権をより広い代表制度に任せることを求めた。その結果、ジェファーソンは、州やその個別の利益が国家の政策決定や行政的意思決定過程において適切に代表される強力な立法機関の存在を強く求めた。

小さな政府の価値を示して、ジェファーソンの支持者たちは、政府とは疑いを持って見られ、それゆえ、法の支配を通じて調節される必要悪であると主張した。ジェファーソン主義の伝統は、サブ・ナショナルな州政府が政策を採用し、地方の規範や慣習と一致するやり方で政策を適用する幅広い自由度を享受するボトムアップ的な民主主義と結びつくようになった。しかしながら、ジェファーソン主義は、地方の統治や行政における広範な政治腐敗の傾向を時々見落とした。実際、ジェファーソン時代は猟官制の誕生と結びつくようになり、それゆえ、公的な雇用や政府のサービスは、平等や公正よりも政治的利益供与に基づいて管理された。実際、ジェファーソンがその職の任期を終えるまでに、彼の政権において政府の役職の三分の二近くが彼自身の政党員に与えられた。連邦の行政職に政党支持者を任命するという実践は「応答的政府」としてしばしば正当化された。

皮肉なことに、ジェファーソンはおそらく最もジェファーソン的でない大統領の一人だった。一八〇一年に大統領職を引き受けるとすぐに、彼はよりハミルトン的な執政指導者として頭角を現した。彼の在職中に、米国の連邦政府の規模と権限は劇的に増大した。一八〇三年にフランスのナポレオンからルイジアナを購入し、ジェファーソン政権は八〇万平方マイル近くの買収した領土を管理した。ロンドンのバリングス銀行によって大半が資金提供された二三〇〇万ドルの購入額は、史上最大で最も利益の上がる「土地取得」の一つとなった。この大規模な買収により、最終的には一三の新たな州が連邦に追加される結果となった。西部への入植者数が増えるのにつれ、連邦郵政事業のような連邦の行政機関を大幅に拡充することが必要になった。当然、政府の規模と行政権の範囲は、新しい行政システムとともに拡大した。よく知られた歴史家であるヘンリー・アダムスは、「米国史上これまでにないほど完全な」行政権を行使したと述べた。ハミルトン支持者の多くは、帝国はそれを運営するために皇帝を必要とするという考えに共感し、静かにそれを受け入れた。

ジェファーソンは、政府の規模と国の借金を削減する意図を持って政権を引き受けた。前任者からは八三〇〇万ドル近い借金（その大半は独立戦争が残したものだった）を引き継いだジェファーソンは、すぐに彼の小さな政府の方針を修正する必要に迫られた。さらに、彼の政権は、後にルイジアナの購入を完了するために一五〇〇万ドルの追加を借りなければならなかった。ジェファーソンは連邦政府に仕えるわずかな数の公務員でも国家の仕事には必要不可欠であることを確信していたので、必要な削減を他のところに求めた。国家は国内の平和と安全を戦争に備えることで維持すべきであるという主張には強く反対して、ジェファーソンは国家の軍事支出をかなり削減した。これらの大規模削減と、領土拡張による経済ブーム、富裕層により消費される財への税の引き上げにより、ジェファーソン政権は、国家の借金を最終的に六〇%近く削減した。

現代行政への反映

政府や行政権の適切な規模や範囲に関する現代の議論は、ハミルトンやジェファーソンの伝統において概説された中核的な問題を（直接的または間接的に）反映している。地方政府は人民の特質をより代表するものであり、したがって、人民の関心により応答的であるというジェファーソンの考え方と一致して、政治的な動きは、集権化された政治的主権と行政的権能をサブ・ナショナルな政府に権限委譲することを一貫して促してきた。

英国では、国内の特定地域における政治的地方分権化を求める市民の数が増加している。より直接的な代表やより大きな政治的自治を求める市民の求めに応じて、スコットランド議会、ウェールズ議会、北アイルランド議会に大きな行政的および政治的権能を付与する一連の措置が英国議会によって行われた。二〇一四年九月一八日、待望の住民投票がスコットランドを独立国にするか否かを決めるために実施された。有権者の五五％が現状維持に賛成する一方で、著しい数の市民がスコットランドに独立を認めるべきであると非常に強く感じ続けている。

ミシシッピーやサウス・カロライナの市民の特殊な必要性や文化的価値観は、ニューヨークやカリフォルニアの市民とはかなり異なるという理由で、多くの地方政治家や市民は州の権限の一層の拡大を求めてきた。第一章で見たように、米国のティー・パーティーのような団体は、州政府が教育カリキュラム改革や生殖権から銃規制やドラッグ使用の禁止まで広範な政策項目について完全な統制を与えられることを要求してきた。

公務員も市民も同様に、統治に関する視点の相違により形成される対立から生じる行政上のジレンマに今後も対処し続けるだろう。近年、コロラドやワシントン、オレゴン、アラスカなどの州はマリファナの使用を合法化してきたが、一方、米国の連邦政府や多くの他の州は合法化していない。当然、これは麻薬取り締まりに関わる行政官や多数の機関の間に広範な混乱を引き起こした。例えば、現行の管轄区域の下では、市民はデンバー大都市圏ではマリファナの所有や使用を許されている。しかしながら、市民が国の空港当局の下で運営されているデンバー国際空港の建物内に入った場合、彼もしくは彼女は連邦犯罪として起訴される可能性がある。私たちが続く頁で見るように、国と地方の間の管轄をめぐる行政上の緊張はグローバル時代において益々複雑になるだろう。

第3章　世界における進歩主義的改革

「近代的」で「合理的に構造化された」階統制的な国家の行政官僚機構は、政府機関の集権化や一八世紀および一九世紀のヨーロッパの帝国主義的な軍事システムの拡大とともに発展した。一七〇〇年代初めまでに、プロシア帝国は、軍事および民事の両方に及ぶ高度に複雑でよく整備された行政機構を誇った。英国では、公務員の近代的要素は、東インド会社で採用された役員や事務員にいくぶん負うところがある。同社は、元々王室特許状に基づく民間持ち株会社として一六〇〇年に設立され、後に政治的・経済的勢力に発展した。その過程で、東インド会社は補助的な行政事務所を設け、軍事的指揮構造を作り上げた。実際、この体系は大英帝国によって後に採用され、亜大陸の広大な地域を統治することになった。一九世紀に出現した「国民国家」の政治的権威および軍事的保護の下、地域的領域の統合は、階統制構造の行政システムの拡大を支えた。ナポレオンによるフランスの統合、一八六五年の独立戦争に続く「米国国家」の強化、一八六〇～七〇年のジュゼッペ・ガリバルディによる「イタリア」の統一、一八七一年のビスマルクの下での新ドイツの登場は、重要な発展だった。続く頁で見るように、「近代国民国家」の特徴や次元が政治学者や歴史家の間で議論され続ける一方、それらは、行政の近代的な分野や実践だけではなく、米国や西欧の近代的な社会福祉体系の土台を築くことにも貢献した。その結果、行政官は、その新しい機能や任務を遂行するために新しい「官僚制的」な手法や過程を採用せざるを得なくなった。これから見るように、これらの新しい行政的な過程は、いわゆる「金ぴか時代」や「科学革命」と結びついた原則や方法に根差していた。初めに米国の進歩主義的時代について論じ、それから最終的にはヨーロッパで福祉国家を形成する進歩主義的改革について探求する。

米国

第二章で論じたように、投票と引き換えに行政上の恩恵や公共サービスを提供するという実践の広がりはジェファーソン時代に初めて登場した。国の領土や人口が次の世紀に入って増加し続けると、活発な公共セクターが発達した。一八二四年の大統領選挙とアンドリュー・

ジャクソンが権力を掌握したことが、米国南部の小規模農家および北部の工業労働者から成る新興のポピュリスト的運動につながっていた。「普通の人々」を代表することを求めて、ジャクソンは民主主義のより包摂的な形態を追求した。これには、社会的・経済的に広範な階級を代表する益々多くの人々へ選挙権を拡大することを含んでいた。国の政治過程や行政システムが、エリート農業者（「プラントクラフト」として知られる）、大企業家、富裕な銀行家によって長く握られてきたことを明らかにし、ジャクソンはより多様な有権者に訴えることをねらったポピュリスト的な政治課題を掲げた。

後に「ジャクソニアン・デモクラシー」として知られるようになったこの政策では、政党の候補者は、密室で政党のエリートにより秘密裏に選ばれるのではなく、公開で開催される公式の大会を通じて指名された。米国の選挙過程に益々多くの有権者がアクセスしやすくなるにつれ、伝統的には過小評価されてきた社会階級が政治的論争に加わった。政治的候補者は、増え続ける多様な有権者の支持を勝ち取るために、政治的便宜を図り、公共サービスの範囲を拡大した。「マシーン政治」が政治生活のあらゆるレベルに根付いていた。ニューヨーク市の悪名高いタマニー・ホールとその腐敗した市長であるいわゆる「ボス」ウイリアム・M・ツイードは、その時代の最も脂ののった政治的マシーンの一つを運営した。政治的な後援と交換に票を「製造しながら」、タマニー・ホールはそれまでは過小評価されてきた移民や低賃金労働者にとって重要な公共サービスを提供することで、多くの人々から称賛された。しかしながら、同時に、極悪な市長と市役所の中の彼の「政治的取り巻き」は、その無節操な行いにより、他の人から強く批判された。

一八〇〇年代の中頃までに、スポイルズ・システムの下で生み出された甚だしい不平等にうんざりしていた米国人の数が増え、社会保障や包括的な公務員改革を求め始めた。進歩的な指導者たちは、連邦や州、地方政府が社会正義や職場環境、特に国内の工業部門における職場環境の改善を目的とした新しい政策の実施に協力するように求めた。これらの新しい政策や規制には、子どもを保護するために法定就労年齢を定めること、一日の労働時間を制限すること、多様な健康および安全対策を制定することも含まれていた。少数の大企業による自由市場の寡占的支配と市場操作を制限する取り組みとして、進歩主義者たちは、一八九〇年シャーマン反トラスト法を議会で可決するように迫った。

一八八一年のジェームズ・A・ガーフィールド大統領の暗殺は、「進歩主義の時代」として知られる新しい行政の時代の始まりを告げるものであった。進歩主義は、政治的後援と結びついた非効率な統治慣行を、効率性と公平性を強調する職業基準に置き換えるよう求めた。

関連する改革が公務員の採用の分野でも行われた。例えば、一八八三年のペンドルトン法は、公共部門の採用や昇進に公正性や透明性を保障することをねらいとした公務員委員会を創設した。ペンドルトン法は、最終的に多くの不正競争行為を終わらせることに役立つ新しい過程や命令を作成した。世紀の変わり目までに、公共サービス部門における連邦の仕事の大半が厳格な実力主義システムにより任命され、監督された。結果的に、「よく訓練され」かつ「専門的な資格のある」官僚の需要が高まり、行政の実務が劇的に変化した。

一部の進歩的な指導者は、官僚制の機能や運営を改善するために、刷新的な管理方法や技術を探索する新しい専門分野の開発を目指した。この運動を率いる先駆者の一人がウッドロー・ウイルソンだった。「行政学分野の父」と呼ばれるウイルソンは、統治における政治と行政の領域は分離されるべきであり、相互に排他的であるべきであると信じていた。ウイルソンは、政治は特殊利益団体の領域であるのに対し、行政は公共の利益に仕えるために存在すると主張した。ウイルソンは、公共サービスの機能は、高度な専門的な基準や倫理規範と一致する方法で管理されるべきであると主張した。さらにウイルソンは、公務員は、党派的な政治や政治的後援などの腐敗した影響から隔離されるべきであると考えた。ウイルソンは、政治は政策の策定と採用に関連する事柄に限定されるべきであり、行政は「行政法の詳細かつ体系的な実施」に専念すべきであると考えた。

ウイルソンは、政治学という学術分野で著名な発言者になった。ウイルソンの新しい「科学」は、二〇〇〇年以上前に定められ、そして以来民主主義の文化的および規範的な構造に組み込まれてきた「政治の深く恒久的な原理」の研究に捧げられた。フランク・グッドナウなどの指導的な行政研究者が、意思決定の政治はどこで終わるべきなのか、管理と行政の中立的な業務はどこで始まるべきなのかという重要な問題を提起して、議論に加わった。ウイルソンやグッドナウなどの研究者は、組織管理の概念と体系を公共部門の実践に組み入れようとした。この新しい学際的な分野が最終的には多くの成果を挙げた。それには、米国の技術者であるフレデリック・ウインスロー・テイラー率いる科学的管理学派が強調した組織効率化の方法や、ドイツの社会学者のマックス・ウェーバーの合理的官僚制の原理などが含まれていた。

テイラーは、作業方法の標準化や、無駄を減らし労働生産性を改善するために、生産過程を合理化することの重要性を強調した。『科学的管理法の原理』という彼のパイオニア的な本において、テイラーは、労働者の生産性と作業工程の過程を研究するために、そして、それらの機能や運用を改善するために、体系的な分析および管理的な技術的方法の活用を強調した。経験的な観察や厳格な測定基準などの科学的な道具を適用することで、管理者はどのような仕事を遂行するにも最適な方法を発見できると、彼は信じていた。テイラーは、それらの方法が発見されれば、一般に適用可能な最善の実践が確立され、他の分野にも適用できると信じていた。

人はそれぞれ固有のものを持っており、それゆえ、個別の技能を有しているとテイラーは信じていた。各労働者の個人的な強みを特定し、「適切な仕事」を遂行するのに「適切な人」を割り当てることが管理では重要であるとテイラーは主張した。従業員に公平な賃金を払い、定期的に休憩をとることを従業員に許す組織は、労働者の満足度が高いと、彼はさらに主張した。つまり、これらの実践は生産性の向上にも貢献する。確かに、多くの組織では、テイラリズムの特定の部分を選択的に適用しているが、他の部分は無視していた。テイラーの原則は、もっと働くことを従業員に強いるように、間違って適用されることが多かった。結果として、組織の業績に対する責任の多くが不当にも労働者に負わされた。

テイラーの原理を政府の官僚機構全体が取り入れ始めると、益々多くの公務員が厳格な説明責任の基準を課されるようになった。加えて、テイラーの原理は、コミッション（委員会制）や市長制の採用を通じて、自治体の行政にも導入された。自治体のコミッションは、市の部局の長を務める公選の代表者で構成された。各部局は、公共事業、衛生、警察など、その管轄下の特定分野を監督する責任があった。市支配人制は自治体の統治に関連する多くの機能や過程を管理し監督するために雇用された専門的な行政官で構成された。公式の業務慣行と組織原理の下で業務遂行する市支配人は、多くの自治体部局により行われる活動の実施を監督する責任があった。それらの部局は、市の書記官室から計画・開発部局にまで及んだ。一九二〇年代から五〇年代に発展した「古典的組織理論」に支えられた多くの原理は、テイラーの業績に基づいていた。実際、テイラーの「科学的管理法」は、六〇年以上にわたって、学界および行政実務の両方に影響を与え続けた。

英　国

一九世紀以降、英国の階級政治を形作ってきた決定的な問題の一つは、福祉国家の発展と維持であった。米国と同様に、英国も長く困難で、時には有害な道を旅した。一六〇一年のエリザベス朝時代に導入された救貧法は、イングランドとウェールズの困窮者を保護するために行われていた救済慣行を制度化するために採用された。工業化は、体系的に解決されることが必要な多様な社会問題を引き起こした。時代が経つにつれ、元々はエリザベス救貧法と関連する福祉規定は、英国の富裕層にとって大きな財政的負担になった。一八三〇年までに、貧困に対する社会援助関連の費用は、年間に七〇〇万ポンドまで上昇したと見積もられた。その結果、これらの費用の幾分かを削減することをねらって具体的な改革がビクトリア時代に採用された。

一九世紀に、大規模な工業発展に関連して過酷な生活と労働環境が多数の人々に多くの犠牲を強いた。ロンドンの騒がしい工業エリアにより生み出される高レベルの汚染と有毒な化合物は、労働者とその家族に深刻な健康被害をもたらした。この時期、都市部の過密と汚染が病気や不健康の主な原因だった。病気の治療や貧困層の援助にかかる費用の増大を管理するために、体系的な改革が議会により採用された。健全な健康習慣が「健全なビジネス」に貢献すると主張し、エドウィン・チャドウィックのようなビジネス寄りの社会改革者は、この分野での主要な変化を推進した。増大する世論の圧力へ対応して、議会は一八三四年に（新）救貧法を制定した。この法律により、救貧費用は大幅に削減された。炭鉱や工場における危険な産業労働慣行やプロセスを規制する追加措置も採用された。最も注目すべきは、新救貧法が増加する失業者とその家族のために、救貧院と呼ばれる避難所を設置したことである。多くの場合、これらの施設に住む家族には、衣服や食糧、基礎的な教育などの基本的な生活必需品が提供された。これらの施設は元々は一時的な救済を目的としていたが、他に選択肢を持たない多くの入居者は期間を延長して留まり続けた。たいていの居住者の生活は困難だった。無数の健康で丈夫な入居者は、基本的なレベルの援助を受け取るのと引き換えに「重労働」を強いられた。過酷な生活環境のゆえ、リチャード・オーストラーのような当時の何人かの先駆的で進歩的な活動家はこれらの救貧院を「貧者の監獄」とみなした。

一八〇〇年代初めの救貧法は、中産階級と貧しい労働者の間にさらなる格差を生み出した。これは体系的な中央の行政や監督が不足していたからであり、同法の下で提供されたサービスの多くが地方のパリッシュの裁量で不平等に（時には非人道的に）管理されたことが一因であった。救貧院の環境や他の暫定的な悪弊への世論の憤りにより、一八三四年救貧法関連のサービスの管理や運営を監督するために設けられた救貧法委員会は廃止された。これらの問題のいくつかに対処するために、さらなる改革の努力が行われた。

一八五三年春に、英国公務員制度の包括的な再検討が、大蔵大臣であるウイリアム・グラッドストンの監督下で開始された。後にノースコート・トレベリアン報告（作成者のスタフォード・ノースコートとチャールズ・トレベリアンに因んで名付けられた）として知られるようになる文書は、この体系に革命的な改革を勧告した。報告書は、将来、公務員になる者が適切な資格を持っていることを保証するために試験を実施するとともに、競争的で透明性のある実力主義を通じて昇進を管理することを提案した。ピーター・ヘネシー教授によると、提案された改革は、「二〇世紀に対する一九世紀からの統治における最大の贈り物になる。すなわち、誠実・礼節・客観性などの中核的な価値を持ち、成績に基づく任用による、選挙で選ばれた政府から次の政府へと忠誠と専門的技術を引き継ぐことができる、政治的に公平な常勤の公務員制度」になるとされた。

一九〇六年から一九一四年にかけて、一連の歴史的な社会福祉改革がハーバート・アスキス首相、デイビッド・ロイド・ジョージ大蔵大臣の指導下で実施された。例えば、一九〇六年、一九〇一年工場法で概要が示された安全に関する規制が追加的な産業も対象にするように拡充された。一九〇八年、成人期の大半を働いてきた七〇歳以上の人々の退職年金を拡大する老齢年金法が導入された。実際、この法律は広範で進歩的な福祉改革の土台を構築する助けとなった。一年後、最初の公共職業安定所が、失業者が新しい仕事を見つける手助けをするために設置された。同年、政府は、景気後退期に農業から輸送に及ぶ分野の新しい基盤整備事業を通して新規雇用を生み出すことを企図した開発基金を制定した。しかしながら、おそらく、この期間の最高の業績は、アスキス政権による国民健康保険と失業保険の創設だった。この法律は、身体的および精神的疾病に対する医療的処置を含む一定の給付を提供した。労働者と国家の両者による共同拠出金によって賄われた失業保険は、雇用が経済的構造変化に非常に影響を受けやすい労働者にまで拡大された。これらの歴史的な社会福祉制度の政治的立案者の一人であるロイド・ジョージは、これらの制度を議会を通じて成立させた。広範にわたる一九一一年イングランド国民健康保険法の作成では、ロイド・ジョージは一九〇八年にビスマルクの革命的な保険給付制度を研究したことから発想を得た。

当時では革命的であったが、前述の改革の多くは、特定の集団の人々に適用範囲を限定した保護しか提供しなかった。例えば、公共職業安定所に集まった多くの労働者は、非常勤の臨時雇いを得ることしかできなかった。さらに、労働者は自分の稼ぎから雇用保険料を支払うことを求められた。しかしながら、その導入から五年未満で、およそ二〇〇万人が失業保険に加入し、数百万人が国民健康保険の対象者になったことは注目に値する。恐らくより重要なのは、欠点や限界はあるものの、これらの進歩的な発展が近代福祉国家の発展の中枢にあったということである。

ヨーロッパの進歩主義

西欧における民族アイデンティティは、一八八〇年代後半に、さらに顕著になった。いわゆるヨーロッパにおける「国民国家」の出現は、行政の構造と範囲に深く影響した。後で見るように、強力な中央政府と地方自治体の関係は、米国や英国においてより、ヨーロッパにおいてはより特徴ある調和を示していた。これらの行政システムを識別するいくつかの構造的違いについて考察しよう。政治学者のB・ガイ・ピータースは、三つの西欧型行政国家の伝統について概説した。それには、フランスもしくはナポレオン型大陸ヨーロッパの伝統、ドイツもしくは系統的大陸ヨーロッパの伝統、スカンジナビア諸国の伝統の三つがある。

米国と同様にヨーロッパにおいても、工業化と関連した大規模な都市化は、社会に多大なストレスを与え、労働者や貧困層を援助する社会保障は大きな負担となった。西欧と米国の改革運動は民主主義国家と協力して益々発展したが、ヨーロッパの進歩主義は政府に対するより家父長主義的な役割を構想していた。結果として、ヨーロッパの人々は、政府を市民に基本的な経済的安全保障を提供するものとみなし、国家を市民社会全体の繁栄の保証人として見た。米国や英国での経験と同様に、この時代に行われた進歩主義的な改革は、近代福祉国家の基礎を構築する上での変革であると証明された。

フランス

一八〇四年、ナポレオン・ボナパルトは、フランス革命（一七八九〜九九年）に影響を与えた「啓蒙」の理念に沿って、フランス全体の政治および行政の体系を刷新しようとした。ナポレオンは、地域の封建的な歴史の流れの中で個別に発展してきたさまざまな州の法を、近代的で統一的な民法典に統合しようとした。高度に集権化された国家官僚制では、「国家」と「社会」の間の線引きは、米国の体系とは異なり明確ではなかった。国家と州の政府が憲法上、分離されている米国の体系とは異なり、フランスの行政権は統一されていた。国の法体系の包括的改革の背後にある包括的な原理は、すべてのフランス市民が法の下で平等な保護を保障されることを確実にすることであった。法典が採用されると、フランス全土で普遍的に適用され、すべてのフランスの領域や管轄地で暮らす市民にまで最終的には拡大された。実際、ナポレオンの伝統は、北アフリカや米国南部の一部と同様に、西欧のさまざまな国の法や行政の体系に最終的に影響を与えた。

ナポレオン法典の適用範囲は広く、民事訴訟法（一八〇四年）、商法（一八〇七年）、刑事訴訟法（一八〇八年）、刑法（一八一〇年）などに及んだ。特に、一八〇八年の行政法の再編成はフランスの公務員制度全体を変革した。税制から銀行および金融までのすべてを網羅する法典は新しい行政機関を創設し、管轄権や説明責任を明確に線引きした。会計裁判所、財務監察院、国務院など多くの制度がナポレオンの時代に誕生した。さらに、ナポレオン時代は、世界がこれまでに経験した最も野心的な行政による公共事業プログラムと切り離すことができなかった。フランスの精巧で新しい行政上のしくみにより、拡大する包括的な道路体系が管理されることでフランスからヨーロッパの他の地域へのアクセスが改善されるとともに、新しい運河や港湾の建設や調達がなされた。

ナポレオンの行政法典を設計した主導的な人物の一人は、進歩主義的理論家シャルル・ジャン・ボナンだった。一八一二年に出版された彼の著書『行政の原理』において、ボナンは行政的統治に関する六八の原理を概説した。これらの原理の大多数は、行政組織がより効率的にそして応答的に運営するために従うべき専門的なルールに関するものであった。この原理は、フランスの数限りない官僚組織で仕える省庁の大臣から現場の監督者まで、行政のあらゆるレベルで働く者に当てはまる。ボナンは、ウイルソンと考え方を共有した。ウイルソンの考え方とは、「行政」は、「政府」や「州」により行使される政治的方法とは異なる明確な一連の実践および活動として研究されるべきであるという考え方であった。同様に、ボナンの学際的なアプローチは、行政上の統治と関連した機能や活動を改善するため、社会科学や人文科学から得た概念と並んで、自然科学から導かれた形式的方法論を採用していた。

一九一六年、フランスの炭鉱技術者であるアンリ・フェイヨールは「行政管理理論」として知られるようになった公共管理への革命的アプローチを導入した。彼は著書『産業ならびに一般の管理』で、大組織の管理に伴う実際の複雑さを反映させたいくつかの重要な原理を概説した。「テイラリズム」が専門的な仕事の遂行における労働者の効率や正確さを改善するための経験科学に基づく方法の活用を強調したのに対して、フェイヨールのアプローチは、組織目的を形成し定義することにおける管理者の役割を強調した。管理者は、中央を調整・統制し、さまざまな部署の間で目標を設定し、統一を育むことにより、組織的な成功を確保する役割を引き受けなければならないと、フェイヨールは断言した。予測、計画、訓練が組織的効率性や職場の生産性を伸ばす重要要素であるとフェイヨールは確信した。フェイヨールの原理は柔軟であり、いずれの組織の状況にも普遍的に適用できるように設計された。

ドイツ

一八八三年に、ドイツの最初の宰相であるオットー・フォン・ビスマルクは包括的で進歩主義的な政治課題を取り入れた。ビスマルクは、プロイセンおよびザクセンの統治下で発展してきた既存の社会政策を再構築し、ヨーロッパ初の社会保険制度として発表した。それによって、一九〇〇年までにドイツの労働者たちは、医療保険、退職後の年金、最低賃金、休憩時間、失業保険、安全な労働条件、無料の幼児教育などが保障されることになった。これらの社会的枠組みは当初、ドイツの労働者階級の増大する必要性と需要を満足させるために取り入れたが、第二次大戦まで続く社会福祉体系の着実な拡大の基礎を形作った。

一八六〇年代のドイツの諸州が統一され、政府の役割が拡大すると、新しい社会制度や事業を管理・運営するために、より専門的な行政部門が求められた。こうした文脈の中で、行政学のドイツ-オーストリア学派が初めて登場した。この学派の運動を率いた人物の一人がロレンツ・フォン・シュタイン（一八一五〜九〇）だった。シュタインは、行政における統治の実践を改善することを目的として人間の知識の多様な分野を利用する学際的なアプローチを行政学研究に採用した。複数巻に及ぶ大著『行政の理論』での解説を通して、シュタインは行政学を「体系的な科学」に高めようとした。この「主要業績」の中で概説された原理を教育者や学生が広く利用できるように、彼は後に『行政の理論ハンドブック』を出版した。国家の行政的活動は、内政、国際的な安全保障、外交、予算、財政などの分野を考察することで研究・分析されるべきであるとシュタインは論じた。研究におけるこれらの個々の分野が単一の原理の下で結びつけられるべきであると彼は提案した。それは、地域社会の利益のために仕え、個々の市民の権利を保護するために、国家行政機関内の働きを改善するためである。

ドイツの社会学者のマックス・ウェーバーの著作は、組織理論と管理科学を一変させた。上記のように、産業革命と国家の拡大は新しい組織モデルの発展を劇的に促した。大規模な行政および民間の事業体に関連する複雑な運営や機能を調整する必要性から、組織構造における劇的な変化がもたらされた。官僚制に関するウェーバーの概念は、この文脈から形成された。近代的な組織は、公式のルールに基づく合理的で官僚的な過程や手続き、適切な技能で良く訓練された人材を配置した専門的に分類された体系および良く構造化された分業制を採用する必要があると、ウェーバーは主張した。ウェーバー・モデルの下では、専門的官僚

Box3　ウェーバーの官僚制組織原理

職の階統制：制度上の職務は、明確な階統制になっている。これにより、権力と権威は明確な命令系統に基づくものとなり、それぞれの職務はより上位の職務によって監督される。こうして、規律ある実施が可能となり、官僚的権威が確保される。

固定化された役割分担：官僚制組織における課業は、それぞれが必要な権威と制裁を与えられ、機能的に異なる分野に分割されている。基本的に、それぞれの職務は専門化された明確な管轄分野を有しており、一連の義務や権利によって規定される。

合理的な法的権限：公式の役割および手続きは、官僚制的手続きの実施や規制の統一性を保障する。官僚制の権限は、彼らの役割から派生するのであって、個人的な地位から生じるものではない。また、彼らの権限は、その役割を実行するために必要な限りにおいてのみ存在する。

非個人性：官僚制的管理は、合理的で非個性的に適用される規則に基づいており、高位レベルで下された決定が、すべての下位レベルにより首尾一貫して執行されることを可能にする。官僚の個人的選好が行動を左右することを防ぐため、規則や統制は統一的に適用される。

資格による任命：官僚職への任命は、専門的な技能や能力のテストにより決定されるのであって、地位や縁故関係により決定されるものではない。採用と昇進は、成績、専門的な資格、能力、業績に基づく。

専門性：官僚は、固定給で雇用される専門職の職員である。そこで、彼らは、自身が管理する部署を所有するのではない。

独立した非党派性：官僚の個人的信念や生活と職業生活は明確に分離されている。行政は、継続的な基礎の上で実行されるものであり、単に個人的およびイデオロギー上の信念に基づく指導者の命令に従って実行されるものではない。

出典：Ken Johnson, ‘According to Max Weber: historical principles’ in ‘Busting Bureaucracy’ ; Stella Z. Theodoulou and Cristopher Kofinis, *The Art of Game*, pp. 170–1.

は一連の技能や専門性のレベルに基づいて、行政職の中で任命され昇進する。高度に専門化された課業および機能を遂行するため、官僚制は専門的な訓練や教育を受けることを期待された。

官僚制に関する代表的な著作の中で、ウェーバーは官僚制の「理念型」を構成する鍵となる組織原理を描き出した。ウェーバーにとって、官僚制は政策決定が具体的な活動に変換される際の道具だった。それゆえ、官僚制の役割は、非人格的で効率的かつ標準化された意思決定過程を通じて政府の政策の効果的な実施を保障することだった。

ウェーバーは、官僚による政策の実施を民主的行使として見なかった。実際、意思決定の多元的な形態は、政策が執行・実施される方法において不一致な結果をもたらすことが最も多いとウェーバーは信じていた。それゆえ、政策決定は執行に対する規則通りの方法を用いた権威ある決定過程を通じて実施されるべきであると、ウェーバーは論じた。ウェーバー・モデルの下、行政法により定められた政策や規制は階統制的に組織化された職制や部局を通じて管理された。同様に、公式のルールは、管理者と労働者が、割り当てられた監督者に報告するという厳格な指揮系統を通じて実行された。

政治家によって策定された政策のほとんどが、行政官が実施すべき方法や手段に関して明確な言葉を提供することはまれであると、ウェーバーは鋭く指摘した。むしろ、たいていの法令は、大まかに、そしてしばしば曖昧な言葉で書かれているので、行政機関やその中にいる官僚にその法令をいつどのように執行するかについての広範な裁量を与えていると、ウェーバーは指摘した。それゆえ、官僚制の実際の権力は、公共政策の日々の実施についての方法を統制する能力にあると、ウェーバーは主張した。ウェーバーの原理は近代官僚制組織の構造と役割を定義するのに役立ってきた。ウェーバーの「理念的」官僚制モデルは、ボックス3で示す一連の基本的な組織原理によって特徴づけられる。

スカンジナビア

スカンジナビアの行政の伝統は、アングロサクソンとゲルマンの伝統が混合して発展した。一九世紀初め、スウェーデンは、ヨーロッパで工業の発達が最も遅れた国の一つだった。国内の富裕なエリート層と多数を占める貧しい農民の間のギャップが著しかった。しかしながら、スウェーデンが工業化し、国の富が増えるにつれ、富裕層と貧困層の間の所得ギャップはかなり縮まった。スウェーデンはヨーロッパの多くの国々に比べて遅れて工業化した。結果として、英国のような富裕な土地所有者や大実業家と、労働者階級の間で生じた激しい緊張や激しい階級対立はそれほど顕著ではなかった、と何人かの研究者たちは説得力をもって論じてきた。工業化が相対的に遅れたヨーロッパの国々では、小作農や労働者階級の集団は強くなる傾向があり、したがって、他の有力な経済階級からより対等なパートナーとして扱われた。一八〇〇年代にスウェーデンの国民国家の政治的発展が形成されるに際し、多様な利益が相互に包摂された結果、雇い主と労働者の階級を超えた連合が形成された。これらの発展が、国の社会政策の発展の基盤となる政治文化や制度の形成を助けた。スウェーデンの社会サービスの多くは、地方レベルで組織され、管理されている。このしくみは、スウェーデン市民と、これらの公共サービスを提供する行政官の間の密接な関係を育んできた。さらに、民間企業と公共部門の間の政治的緊張は、歴史的にみて米国や英国よりスウェーデンでは大きくなかった。

一八〇〇年代の中頃まで、スウェーデンは工業化の進展に伴い、多くの痛ましい影響を経験した。スウェーデン政府が一八四二年に導入した初期の社会サービスの一つは初等教育の義務化だった。スウェーデンの国民国家が一八〇〇年代後半に確立されると、雇い主と労働者は国が提供する社会保険の支給拡大を協力して支えた。

一八八九年のスウェーデン社会民主労働党（SAP）の結成は、普通選挙制度と一日八時間労働を強調する進歩的な政策方針に主として基づいていた。これらの目標を達成する最善の方法について、党内では穏健派とより極端な左派の間で意見の相違が続いたが、最終的にはおおむね合意が得られた。さらに、党の相対的に穏健で進歩的な目標は、国の主流派有権者の間で政治的支持を集め始めた。

社会改革を求める大衆感情の高まりに応じて、スウェーデン議会は一八九一年から一八九四年にかけて重要な社会保険法案を可決した。その後、スウェーデン政府は税に基づく多様な現金給付制度により、広範囲な公共サービスと公的雇用を提供した。一八八二年、小規模雇い主に課されていた不公平な税負担を撤廃するために、新しい改革措置を採用した。一九一三年の法律により、六七歳以上のすべてのスウェーデン国民に定額年金給付が拡大された。一九一四年に第一次世界大戦の特別戦時政権の下に設立された国家失業委員会はその後二〇年間、スウェーデンの労働市場政策を統括する主要な行政機関になった。その主な目的は、多様な公共事業プロジェクトに対する財政的および行政的支援を提供することにより、失業を減らすことだった。同年、スウェーデン政府は地方自治体により管理されている救貧プログラムに対して追加的資金を提供し始めた。

一八〇〇年代後半の産業革命と中央集権国家の出現は、政府と社会の関係を劇的に変化させた。この歴史的な期間に、公共サービスと福祉の供給は、飛躍的に増加した。国民の政府に対する期待は進歩主義的な時代以降かなり増大してきた。失業および社会保険、公共交通、公園および図書館のすべてが、民主的な社会運動の成果だった。二〇世紀が進むにつれ、社会は益々複雑になり、追加の公共サービスや規制が開発された。結果的に、これらの政府の新しい政策を提供する行政過程と手続きは、益々専門化され官僚的になった。この過程で、政府の新しい役割は、国民の経済的および社会的安全を保護、促進することとされた。

第4章　近代福祉国家の登場

公共部門の発展と近代福祉国家の登場についての私たちの探求を続けよう。私たちの議論に関する歴史的な背景は、一九二〇年代後半および一九三〇年代初めに世界を席巻した破壊的な恐慌により始まった。先進国の指導者たちは国内の資産価値がほとんど一夜で消失したことをなすすべもなく見守っていた。一方、国内の産業は崩壊し、何百万もの国民が失業し、貧困に陥った。後述するように、これらの恐ろしい出来事により西側の民主主義国家の政策立案者は、新しい行政システムと統治へのアプローチを発展せざるを得なくなった。

一九二九年一〇月の米国株式市場の暴落に端を発するとされる大恐慌は瞬く間に二〇世紀で最も広範囲にわたる経済危機となった。消費支出や投資が急落し、工業生産量が激減した。経済状況の悪化につれ、多数の労働者が一時解雇された。流動資産の価値の大規模なデフレにより資本市場は枯渇した。困惑した政府は国内市場を国際的なさらなる荒波から守るため、急遽一連の保護主義的な政策を打ち出した。それらの措置は、輸入への課税や通貨切り下げのような近隣窮乏化政策の形態を採った。これらの一時しのぎの救済策の採用は状況を一層悪化させるように見えた。一九三〇年代半ばまでに、世界経済は深刻な経済不況に陥っていた。包括的な行政機構や首尾一貫した政策上の戦略が欠如していたため、影響を受けるさまざまな国民に対する、国の救援策の実施方法には大きな隔たりが生じていた。さらなる経済的困窮に陥る国民の数が増えるにつれて、西側諸国の政府は、抜本的および恒久的な解決策で対応するよう強烈な政治的圧力に直面した。

世界恐慌の本当の原因については依然として議論の余地を残しているが、英国の経済学者であるジョン・メイナード・ケインズが提唱した経済的アイデアは広く注目を集めた。ケインズは、経済が非常に特殊な方法で循環的に動くと主張した。彼は、総生産量ひいては雇用は総需要の関数であると信じていた。それゆえ、失業率の上昇は経済における民間資本投資および支出の不足が原因だと考えた。ケインズはこの現象の原因が、将来の利益についての非合理的な期待や不安に基づいて投資を決定する近視眼的な民間事業者にあると考えた。つまり、否定的な期待が、投資支出の減少につながり、その結果として需要と生産量が低下し、失業率が上昇すると彼は主張した。

ケインズの考えは、「マクロ経済学」として知られる分野の登場に大きく貢献した。この新しい分野は、焦点を個人から、全体としての国の経済的主体の集合的な行動に移した。ケインズ学派の経済学者は、経済データを収集・分析し、危機の発生に先立ってそれを予測することが中央政府にはできるという信念に基づいて研究を進めた。この知識を武器に、政府は特定の専門的な財政政策を道具として、経済に介入することができた。例えば、政府は経済の景気後退の兆候がある間は、成長を後押しするため、公的支出を増やすことができた。そして、好景気の時には、インフレの圧力を軽減するため、政府支出を減らすことができた。西側先進国の政府は後に、将来の危機を防ぐことを目的とした新しい規制体系と包括的な一連の政策を採用した。

米国から欧州、日本、オーストラリアに至るさまざまな先進国の政府がケインズ主義の考えを広範に採用したため、一九四五年から一九七〇年代までの時代は、「管理された資本主義の黄金時代」として多くの人々から呼ばれるようになった。フランクリン・D・ルーズベルト（FDR）やリンドン・B・ジョンソン大統領の下で採用された米国の

表1　対象国における社会サービスの導入年

	老齢年金	失業保険	疾病給付	医療保険
ドイツ	1889	1927	1889	1883
英国	1908	1911	1911	1911
スウェーデン	1913	1914	1914	1914～1946
米国	1935	1935		1965

「ニューディール」政策や「偉大な社会」政策、スウェーデン社会民主党の政策、一九四五年以降の英国の労働党により導入された福祉政策は、西側民主主義国家で共有された歴史的な政治的合意を反映していた（表1）。この時代は、安定した国際市場を促進するための為替相場体制の発展と、労働者や貧困労働者層を保護するための福祉国家の拡大を特徴とする。特定の国を近代福祉国家の登場に導いたいくつかの状況について見てみよう。

米国の元労働長官のロバート・B・ライシュは、著書『暴走する資本主義』で、「管理された資本主義の黄金時代」を称賛する次のような概説を提供している。「経済は大量生産に基づいていた。大量生産は、多くの中産階級が大量生産されるものを買う十分なお金を持っていたので、大量生産は利益を生むものであった。大量生産による利益は、大企業と卸売業者、小売商、従業員の間で分配されたから、中産階級もお金を持っていたのである。この後者のグループ（従業員）の交渉力は、政府の活動により増強・強化された。労働力の約三分の一が組合に所属していた。経済的利益はまた、規制（鉄道、電話、公益事業、中小企業）や補助金（価格維持、道路、国債）を通して全国の農民や退役軍人、小都市、中小企業に広がった」。

ドイツ

ドイツは、国内で蔓延した失業問題の改善を直接的な目的とした新しい事業や政策に関する一連の支出案により、一九三〇年代の経済危機に対応した最初の国の一つであった。しかしながら、戦争へと至る数年間において、ドイツの福祉政策の様相や不況に対する国の対応は劇的に変化した。例えば、失業保険は廃止され、より広範な公共事業政策に置き換えられた。

戦争の終結により、ドイツは二つの国家に分断された。西ドイツは西側諸国と同盟し、一方、東ドイツは東欧のソ連のブロックと結びつくようになった。これらの国々は、全く異なる政治・経済体系であると共に、異なる行政構造や福祉国家を持っていた。東ドイツはソ連の影響を受けた集権的でトップダウン的な命令・統制型の行政モデルを採用したが、西ドイツは西側のほとんどの民主主義国家のようなより市民中心の行政システムを採用した。

戦争終結直後の数年間に、多数の難民や退役軍人、犠牲者を社会に統合するという課題に直面した西ドイツの指導者は、国内の社会福祉体系全体を考慮し再構築することを余儀なくされた。歴史的な社会福祉立法が「基本法」として知られる一九四九年の新しい憲法の主要部分として導入された。基本法は、「社会的国家」の創設を通じて、各市民に多くの社会的保護を保証した。多くの点において、行政上の構造は、第三章で論じた「ビスマルク的な福祉国家」の影響を受けていた。福祉国家の重要な要素は、国民全体に普遍的に適用されるべきことを基本法は義務づけた。同時に、特定の社会サービスを管理する方法については、地方自治体が裁量を働かせる余地を基本法は認めていた。

一九五〇年から一九六九年にかけて、西ドイツは急激な経済成長を経験し、それが社会福祉体系の大規模な拡大へ向けた資金源をもたらした。高度で複雑な公務員組織が、政府が提供する膨大な数の管理と監督に責任を持った。米国などの国々と民主主義と市場経済への取り組みを共有しながら、西ドイツでは国の経済に関するはるかに重要な役割を政府に与えた。ドイツ社会では市場がほとんどの資源を割り当てる主要なメカニズムであり続けたが、無制限な自由市場競争に伴う負の影響の多くを和らげる上で重要な役割を福祉国家は果たした。政治上の左派と右派の間の「歴史的な妥協」の下、ドイツの指導者は「社会的市場経済」を採用した。このしくみの下で、公的資金を用いた多様な社会保障を労働者に提供することにより、企業と労働者の間の賃金の妥協を促進する公的な役割を国家は担った。団体交渉の過程を通じて、多くの社会政策上の措置が達成された。例えば、それらは、多くの国民への社会保障提供の拡大、勤労世帯が利用できる公営住宅の増加、従業員への有給休暇制度の導入などを含んだ。また、新しい立法では、賃金や給与の変動を反映して公的年金を定期的に調整することも義務づけた。

一九五〇年代には、法定の健康保険制度が、学生や農業従事者、障がい者、多数の国民グループに拡大された。一九六〇年までに、医療支出の総額は、公的および民間を含めて、ドイツのGDPの四・七％を占めた。しかしながら、一九七〇年代には医療費のコストが急騰したので、政府は保険費用抑制法を制定せざるを得ないと感じた。一連の費用抑制策を監督するために、「協調的行動」として知られる連邦保健財政・予算委員会が設置された。この委員会は厳格な費用抑制策を課すのにも必要な、十分な政治力を欠いていたため、その活動の大部分は象徴的なものとなった。

スウェーデン

第二次世界大戦の終結後の三〇年間に、スウェーデンは資本主義世界において最も包括的な福祉体系を維持し、同時に高い生産性と経済成長を誇ったことで称賛された。一九三二年から一九七六年の期間、中道左派の社会民主党政権が相次いで誕生し、社会保障の拡大を一貫して支援した。共通した公共政策課題を支持するとの合意に達したので、幅広い政治的合意が国内の政治的左右の関係者の間に作り出された。最も顕著なこととして、労働者の年金や賃金、法人税などの分野に関係する歴史的な合意に労働者と企業は達した。結果として、スウェーデンの労働者は、ヨーロッパのどこよりも最も手厚い年金を享受し、また同国の企業と株主は先進国の中で最も低い法人税税率という恩恵を受けた。

第二次大戦後の数年間にスウェーデンの産業が拡大し、経済が繁栄したので、社会民主党政権はスウェーデンの福祉国家の拡大を支援し続けた。その結果、スウェーデンの公共部門の官僚制と行政システムは規模と範囲の両面で増大した。必然的に、追加的な圧力が公的支出の上にかかった。実際、GDPに占める公共部門の支出割合は、次の一〇年間にわたって、着実に増え続けた。例えば、一九五五年の国民保険法は医療現金給付（医療基金、税、政府補助金により財源措置された）をすべてのスウェーデン国民に拡大した。公教育、手厚い年金給付、包括的な医療保険、失業保険のすべてが、スウェーデンの国家支援による団体交渉体系の下で拡大された。これらの社会保障は、費用面では、労働者の十分でない所得への累進課税と雇用主の直接拠出金の組み合わせを通じて大部分が賄われた。

スウェーデンの社会福祉体系は一九六〇年代および七〇年代を通して拡大し続けたので、行政上の費用も上昇を続けた。結果として、重い財政負担が国の納税者に課され、スウェーデン国民は資本主義世界において最も高い課税を担うようになった。時が経つにつれ、スウェーデンの有権者たちは、当然のことであるが、政府の財政管理戦略や高い税金に幻滅を感じるようになった。一九七六年の総選挙において、それは政権獲得後四四年近く後であるが、社会民主党はついに敗北した。保守的傾向を持った新政権は、半世紀近くの社会民主党主導下で発展してきたスウェーデン福祉国家と関連した高いコストを削減することを決意した。しかしながら、保守側の指導者はその約束を果たすことは政治的に不可能であると判断した。社会民主党は、一九七九年の選挙で政権を再度獲得し、スウェーデン国民に再び責任を持つことを誓った。わずか三年で政権に復帰すると、社会民主党は一〇年以上にわたり途切れることなく統治し続けた。一九八〇年代を通して、スウェーデンは高い生活水準と手厚い福祉給付およびサービスを享受し続けた。労働力の三〇%以上が公共部門で雇用されていた。国のGDPの六〇%近くを福祉供給に費やすことがほとんど恒常的に強いられた。一九八〇年代半ば、増大する公共部門の赤字やインフレに直面して、政府支出を抑制すべきという、政治的圧力が高まったにもかかわらず、左派政権の社会民主党はほとんど調整を行わなかった。実際には、彼らは児童手当の給付額を増額し、失業手当の給付期間を延長した。彼らは最終的には、特定の社会給付を計算するのに用いる基準額について、控えめな費用の抑制策を受け入れることを余儀なくされたが、スウェーデンの福祉国家は一九八二年から一九九一年にかけて、ほとんどそのまま残された。

米国

一九二九年の株式市場の暴落直後の日々は、米国史上最も暗い日々となった。国内の金融市場は急落し、数百万の人々が失業者になった。一九三二年のフランクリン・D・ルーズベルト大統領の当選とニューディール政策の導入は、歴史的規模で米国の社会福祉政策を作り変えた。ルーズベルト大統領の政権就任後の最初の一〇〇日間に、財政に熱意を持つ大統領は危機の影響を改善することをねらった一連の控えめな政策を導入した。しかしながら、その後の八年以上にわたって、彼の政権は国の経済を安定化させることを目的としたより野心的で積極的な政府主導の一連の取り組みを採用した。経済を活性化させるために新しい雇用を創出し、水力発電の資源を提供する新しい試みとして、ルーズベルト大統領はテネシー渓谷流域公社（ＴＶＡ）のための財源を認めるよう連邦議会に働きかけた。一九三三年に設立され、この連邦政府が所有する会社は、米国初の地域計画機関になった。多数の技術者、都市計画者、労働者を雇用して、農業地域において新しい開発を推進することをねらったダムや水路を含む多くのインフラの建設・管理事業を監督した。同時に、一九二九年の大恐慌で下落した商品価格を押し上げるために、農業補助金が導入された。

一九三五年の国家産業復興法の制定により、労働者は新たな団体交渉権を付与され、より高い賃金や新たな福利厚生、労働条件の改善を求めて団結できるようになった。しかしながら、最も重要なことは、同法により新しく連邦政府が支援する公共事業局を設置したことであった。空前の規模と範囲において、公共事業局は経済回復のためのルーズベルト大統領の包括的で政府主導の「需要管理」政策の重要な担い手になった。六〇億ドル近くが、新しい高速道路や水路、橋梁、病院、教育施設の建設を含む、大規模公共事業政策への財源として配分された。これらの財源の大半は、民間企業の成長を支援し、新しい雇用を創出し、消費者の購買力を活気づけるために、民間企業との契約を通して交付された。

同時期に、ルーズベルト大統領は、国の経済回復に関する彼の壮大な構想の一環として雇用促進局（ＷＰＡ）を創設した。ニューディール政策においておそらく最も知られたＷＰＡは、疎外されていた人々に最終的に多くの雇用機会を提供した。ＷＰＡの労働力の大半は、小規模の建設や改善事業に従事するために雇用された未熟練労働者であった。ソーシャル・ワーカーのハリー・ホプキンズの指導と監督の下、公道や政府機関の建物、公園、レクリエーション、森林再生関連などの無数の事業を対象とした数百万の職が創出された。しかしながら、多くの米国人は、単純であまり重要でない仕事や業務を遂行するように追いやられた。加えて、政府は全国の公共の建物を飾る数千の壁画や彫刻も発注した。追加的な財源が演劇や舞台芸術にも向けられた。後にＷＰＡは、一九四三年に完全に廃止されるまで、一九三九年再編法の規定により連邦公共事業庁の下に置かれた。

米国の給付金体系の創設は、ニューディールの頂点となる成果物になった。一九三五年、ルーズベルトは社会保障法に署名した。同法は数百万の米国の退職者に公的年金の支援を提供する、国として初めての全国的失業保険制度の創設となった。社会保障法は、災難の回避のみならず、その緩和をねらっていた。政策の設計者は緊急に救済を必要とする人々に政府移転支出を導入することを通して、すでに貧困の中で生活する人々の生活を改善することを求めた。貧困に対する救済事業関連の財源の大半は、一九三五年の遺児援助法を通して提供された。同法は「遺児家族援助（ＡＦＤＣ）」として後に知られる事業を創設した。

ニューディール政策とその事業は米国の連邦政府の拡大を促した。多くの政策や命令を成功裏に実施するためには、行政府の再編が必要であることが、すぐに明らかになった。よりしっかりした構造を持ち、首尾一貫した行政管理機構を作るために、通称ブラウンロー委員会として知られる行政管理に関する特別委員会が設置された。ルーサー・ギューリックなどの著名な行政学者（および元ニューヨーク市職員）が、この包括的な仕事を組織し助けるためにルーズベルト大統領により招かれた。ルーズベルト大統領は、米国の行政システムの機能および運営の改善についての戦略を発展させるために、ギューリックの意見を求めた。

一九三七年、ギューリックと彼のよく知られた英国の同僚であるリンダル・アーウィックは、ブラウンロー委員会でのギューリックの仕事に関連した『行政科学論集』を出版した。フレデリック・テイラーの「唯一最善の方法」アプローチを強調する科学的原理や方法、そして、アンリ・フェイヨールの行政管理に関する機能分析に基づきながら、ギューリックとアーウィックは、七つの重要な管理機能を導き出した。ＰＯＳＤＣＯＲＢという頭文字の下で示されたこれらの重要な機能は、計画、組織、人事、指揮、調整、報告、予算から構成された。ギューリックとアーウィックにより論じられたＰＯＳＤＣＯＲＢの特徴は、次のようなものだった。「計画」とは、組織体に定められた目的を達成するために必要な事柄やその実行方法などを大まかにまとめることである。「組織」とは、定められた目的のために作業区分を配置、定義、調整することを通して、公式の権限構造を設けることである。「人事」とは、職員を採用し、その職員を訓練し、業務への良好な状況を維持することである。「指揮」とは、意思決定を行い、特定および一般的な命令や指示を具体化し、組織体の指導者として務める継続的業務である。「調整」とは、業務のさまざまな部分を関連させる最も重要な責務である。「報告」とは、管理職が責任を持つ人々に何が起きているのかを継続的に知らせることである。それには、記録や調査、検査などを通して、管理職やその部下に知らせ続けることなどが含まれる。「予算」とは、計画、会計、統制という形態で予算化を行うことである。

米国の第二次大戦への参加は数百万の雇用の機会を生んだ。戦後、工業基盤が損なわれなかった米国は工業生産性において世界の先頭に立った。米国経済は一九五〇年代を通して繁栄したので、失業は政治的関心事ではなくなった。しかしながら、一九六〇年代には、米国の富の不平等な分配に対して国民の関心が高まり（特に南部の農村地域と北部の都市地域の一部において）、国の進歩的な政治家が貧困軽減問題に立ち返るように促した。数多くの画期的な公共分野の政策が、ジョン・F・ケネディやリンドン・B・ジョンソンなど民主党政権の大

Box4　知的巨匠の激突

1952年、『米国政治学会評論』は、ドワイト・ワルドーとハーバート・サイモンの間の激論を喚起することになる論文を特集した。この2人は、行政学の研究分野を率いる重鎮であった。ワルドーとサイモンにより論じられた多くの論争は、行政学の分野で高まりつつある事実に基づき、「科学」志向で「何が事実か」を強調するアプローチと、同年報に掲載された論文「民主的行政理論の発展」にあるような「何がなされるべきか」を強調する規範志向の研究の間の論争に結実することになった。ワルドーは、「能率が科学の中心的概念」という通説的な信念に激しく挑むことにより、「科学の限界」を強調した。「能率」は普遍的な公理として扱われるべきではなく、むしろ哲学的な観点から探求され、論じられる異議のある価値として扱われるべきであると、ワルドーは主張した。実際、ワルドーが行政学の本質的要素であると考えた事柄、つまり「思考」や「人間の評価」などを「研究するには科学における既存の技術は不適当である」と、ワルドーは信じていた。「価値の問題は、科学的に扱うことはできない」とワルドーは考えた。対照的に、サイモンは、行政分析および意思決定の両方に、経験的で科学に基づくアプローチを重視した。そうすることにおいて、論理志向性を持った行政「科学」が、価値基盤のアプローチよりも優位性を保つべきであると、サイモンは主張した。サイモンの著作『経営行動』を通じて、サイモンは純粋な行政学者の対極にある組織理論家として自身を区別した。実際、サイモンは後に、行政学および行政学以外の両方の分野で近代的な（科学に基づく）組織理論の先駆的人物の1人として称賛を受けることになる。

統領の下で採用された。ジョンソン大統領は、米国の困窮する労働者層や貧困者を援助することを目的とした連邦法案を可決した。ジョンソン政権の「偉大な社会」や「貧困との闘い」などの事業が、こうした取り組みの中核になった。主要な給付事業であるメディケアは、六五歳以上の人々を医療保険の対象範囲にすることを保証して導入された。その直後、米国の貧困家庭に基本的な医療保険の対象を拡大するためのメディケイドが発表された。その後数年間で、住宅や学校給食事業から家族計画や女性支援サービスに及ぶ追加的な政策が連邦政府により導入された。連邦政府は、追加的な公共サービスを貧困層の子どもやその両親に拡大することによって、貧困の連鎖を断ち切ろうと試みた。例えば、一九六四年の機会均等法は、教育や職業訓練のための連邦による財政支援を提供し、ヘッドスタートのような幼児教育政策向けの新しい財源を創設した。

一九六〇年代後半から七〇年代初めにかけて、これらの社会政策の多くに関連した費用は、既存の財政手段を上回り始めた。政府は巨大な赤字を抱え、増税した。リチャード・ニクソン大統領などの保守指導者は、ジョンソンによる貧困との闘いを統制の利かない政府支出の原因として攻撃した。さらに、ミルトン・フリードマンやハーバート・スタインのような保守的な経済学者は、ジョンソン時代に採用された社会政策の多くが福祉依存の文化を助長する一因となっているとニクソン政権を説得した。

一九七〇年代は米国史の中で激動の時代となった。この期間中、米国は失業率の上昇、高いインフレ、経済生産性の低下に直面した。公共事業に関する増加する公的支出（ケインズの需要管理戦略と一致して）を通して、経済的生産を押し上げようとする試みは、事態の悪化を招くようにしか見えなかった。結果として、福祉支出は政府や中産階級がもはや支持を与えられない贅沢品とみなされた。

英国

近代英国の福祉国家の基礎となる原理は、一九四二年に発表されたベヴァリッジ報告の中で概説された。正式には、「社会保障と関連サービス」として知られるものであるが、それは一九四五年から五一年にかけて労働党政権が推進した歴史的な福祉国家政策の主要な「青写真」としての役割を果たすことになる。この歴史的文書に含まれた経済の詳細は、ジョン・メイナード・ケインズに相談して設計された。この点は、議会の影響力ある政治家の目に、同文書の信頼性を高めることに役立った。さらに、同報告は、個々の国民への経済的保障の

「全国的な最低水準」を英国政府が保証することを確固たるものにした。基礎的な経済保障は市民に与えられた政治的権利であると主張する一方で、ベヴァリッジ卿は同時にただ乗りの乱用の可能性や、「福祉依存」文化を作る傾向への懸念を表明した。それゆえ、国民に提供する場合には、事あるごとに互恵的な責任が国民に置かれるとベヴァリッジは主張した。

構造的な経済変化や危機により生活や収入が損なわれた人々に基本的な公的支援を提供することにより、貧困を削減する責任を政府は持っているだけでなく、その能力も持っているとベヴァリッジは信じていた。その目的に向けて、ベヴァリッジ報告は、「欠乏、疾病、無知、不潔、怠惰」という「五つの巨人」を取り上げた。ベヴァリッジは、近代社会では「民主主義は国民のためにそれらのものに対応できていない」と主張した。これらの五つの害悪は、英国社会の全体的な幸福にとっての脅威であると、ベヴァリッジは論じた。民主的な社会が繁栄し続けるためにもこれらのものは根絶されなければならないと、ベヴァリッジは主張した。しかしながら、個人の主体性を遮らず、抑えず、そして、福祉依存を助長しないような方法で、これらの社会的な害悪に挑む適切な手段を採用することが政府には必要であると、ベヴァリッジは力説した。ベヴァリッジの考えの多くは（すべてではないが）、現代の英国福祉国家を支える価値や目標を形作ることを助けた。ほとんどの政策の細部へのベヴァリッ

85

Box5　ベヴァリッジ報告により影響を受けた主要な立法的措置

1945年　家族手当法
1946年　国民保険法
1946年　国民保険（産業疾病）法
1946年　国民保険サービス法（1948年7月施行）
1947年　都市・農村計画法
1947年　ニュータウン法
1948年　国民扶助法
1948年　児童法
1949年　住宅法

ジの直接的な関与はむしろ限られていると主張されるが、政策立案者が方向性を導く上でベヴァリッジの中核的な原理の影響は明白である。

第二次大戦後の数年間、政府はすべての英国国民を対象にした普遍的な社会保険政策を採用した。その包括的な枠組みの下、労働者たちは、広範な社会的サービス提供と引き換えに個人の給料から拠出した。その広範な社会的サービス提供には、保健・医療保障、失業保険、老齢年金、出産支援、労働疾病保険、埋葬費援助などを含んでいた。ベヴァリッジ報告の中で名付けられた五つの害悪のうちの「欠乏」に関する状態だけが直接的に取り組まれた。「疾病、無知、不潔、怠惰」などの残る害悪を対象とする後に続く立法の条項の土台を築くことをベヴァリッジ報告は助けたと言える。おそらく最も重要なことは、ベヴァリッジ報告が包括的な福祉体系を導入することの重要さに向けて人々の注意を引きつけたことである。

表２　1870年～1980年の間の政府による雇用者数（対象国での総雇用者数に占める百分率）

	1870年	1913年	1937年	1960年	1980年
ドイツ	1.2	2.4	4.3	9.9	14.6
スウェーデン	2.2	3.5	4.7	12.8	30.3
英国	4.9	4.1	6.5	14.8	21.1
米国	2.9	3.7	6.8	14.7	15.1

出所：OECD (2015), ‘Employment in the public sector’, *Government at a Glance 2000–2015*, OECD Publishing, Paris. DOI: http://dx.doi.org/10.1787/gov_glance-2015-22-en; adapted from Messaoud Hammouya, ‘Statistics on public sector employment: methodology, structures and trends’ (Bureau of Statistics International Labour Office, Geneva, 1999) © ILO, 1999.

一九七〇年代に、英国政府は国際的な金融危機、高インフレ、失業率の増加などに同時に直面した。労働党政権は当初、国家主導の需要管理戦略で対応した。ただし、それは結果的に効果がなかった。一九七六年には、国の通貨が完全に崩壊することを防ぐために国際通貨基金（ＩＭＦ）による財政援助が必要なほど、英国経済は悪化した。それに続く数か月、公務員も国民も同様に、当時の福祉国家を維持する費用負担について、さらに一般的には、そのような経済の中における適切な政府の役割と機能についての深刻な疑問を増大し始めた。マーガレット・サッチャーが一九七九年に政権を担った時、七〇％近くの英国家庭では、少なくとも家族の一人が現金の福祉給付を得ているとサッチャーは指摘した。社会的な福祉費用に対する国家の支出を削減することを決め、サッチャーの保守党政権は、国の公的部門に対して集中的な攻撃を実行した。これについては、第五章でより詳しく考察する。

一八〇〇年代末に発展した行政システムでは、先進国の複雑さや政治および公的な問題を解決するには不適当だった。現代福祉国家の発展は、現代社会のダイナミックな性格を反映している。社会はより民主的になってきたので、市民はより多くの公共サービスを提供するように政府に対する要求を強めてきた（表2）。増大する要求や益々複雑化する社会の期待に応えるよう、政府の官僚制や行政システムは拡大を余儀なくされた。一九八〇年代に、中道右派ならびに中道左派の両方の政党による保守的傾向を持った政治的運動は、「大きな政府」と高い税・巨額の債務という二つの再分配的なエンジンへの反対を結集し始めた。

第5章　ニュー・パブリック・マネジメントが世界を駆ける

いわゆるケインズ的国家の「黄金時代」は、一九七〇年代の一連の経済ショックによって混乱のうちに中断された。ＯＰＥＣ（石油輸出国機構）が主導した石油の輸出禁止措置が、原油価格の高騰を引き起こした。高インフレと失業率の高まり（スタグフレーション）が組み合わさって直ちに発生した。企業の利益はたちまち消失し、株価は急落した。一方、世界の多くの先進国の政府は、なすすべもなく立ち尽くしていた。大量の失業者と深刻な社会的絶望に直面して、何人かの「企業心に富んだ」指導者は、金融サービス分野の成長に大きな可能性を見出した。金融市場の規制緩和を目指し、電子取引と金融商品の技術革新によって支えられた新たな政府の政策に刺激され、世界的な金融を基盤とした資本主義（金融主義として知られる）が生まれた。今日、数十億ドルの資金を世界中で瞬時に自由に移動できるようになり、抜け目のない投資家たちは、短期間で高い利益を保証する政策を採る国に投資する。結果として、現代の政府は、自国の「投資価値」を示すために課税体系を「合理化」し、公的支出を削減しなければならないという強い圧力の下にさらされた。この過程で、多くの公共財は骨抜きにされ、世界の貪欲な新しいタイプの投資家を引きつけた。

グローバル時代に解き放たれたダイナミックな政治および経済的な勢力に適応するにはあまりにも硬直的で柔軟性がないものとして、伝統的な行政階統制は扱われた。世界中の上級行政官や公的指導者たちは、官僚制の効率を高め、納税者からのお金を最大限に活用することを期待して、新しい一連の市場志向の戦略に益々目を向けるようになった。「適時性」「応答性」「コスト削減」などの民間部門の価値を重視し、新公共管埋（ＮＰＭ）として後に知られるようになる新しい種類の「管理主義」が、世界のいくつかの先導的な行政官僚制に根を張り始めた（Ｂｏｘ６）。

ＯＥＣＤの *Budget Journal* に発表された「公共管理改革と経済社会発展」という二〇〇一年の論文において、オーストラリアの元財務大臣のマイケル・キーティングは、同国においてそれまで一五年以上にわたって試みられてきたＮＰＭ改革の背後にある要因について次

Box 6　ニュー・パブリック・アドミニストレーション（新しい行政学）

NPMと類似のアルファベットの頭文字を共有している、ニュー・パブリック・アドミニストレーション（NPA）は、1960年代に登場した全く異なる種類の管理に関するパラダイムだった。「公共サービス」を管理に関する信条の中心に置きながら、NPAは「市民の持つ徳」や「市民への権限付与」などの価値を強調する一連の管理原則を採用した。アブラハム・マズローや人間性心理学の学派における彼の仲間たちの先駆的な研究に関連して、従業員の身体的幸福に寄与する組織的な条件を創ることが管理上の生産性にとって重要であると、NPAの支持者たちは信じていた。1960年代末、NPAを唱える研究者のドワイト・ワルドーは、行政の「未来」を左右する新鮮で新しい対話を促進することをねらいとした歴史的な会議を主催した。革新的なアプローチを探求して、ワルドーは行政分野における多数の新進気鋭の先駆者たちを参加者として招待した。「人種差別」「社会的不正義」「不平等」などを批判しながら、若く活力あふれる出席者たちは、管理効率に関する「狭い」追求を離れて、「民主的平等」や「社会的正義」に向けて行政の研究分野を方向転換させようとした。しかしながら、NPAには批判がなかったわけではない。行政学の主流派の著名な学者たちの多くは、NPAが「科学的に検証可能な」管理原則を、理想主義的な感情から生まれた「軽い」知識に置き換えようとしているという懸念を表明した。

のように要約した。それらには、次のものが含まれた。①課税水準、財政赤字、公的債務が非常に高く、対策を講じなければ悪化する恐れがある。②政府の政策はその目標を達成するのに失敗し、費用対効果がなく、そのため、支出に見合う価値がないことが多すぎる。③行政機構はその大臣自身を含めた顧客の求めに十分に応じていない。④政府が大きくなりすぎて、干渉しすぎるようになり、政府自体が問題の一部となっている。異なる定義や説明が数年間にわたって見られたが、著名な行政学者のドナルド・ケトルはＮＰＭに関連した主要な文献の大部分で共有されるようにみえる六つの中核的な特徴を次のように整理した。それは、生産性、市場化、サービス志向、分権化、政策志向性、結果への説明責任である。

ＮＰＭ手法の第一波は、英国のマーガレット・サッチャー（一九七九〜九〇）、米国のロナルド・レーガン（一九八一〜八九）、オーストラリアのマルコム・フレーザー（一九七五〜八三）、カナダのブライアン・マルルーニー（一九八四〜九三）などの保守政府下での政治改革課題として登場した。マーガレット・サッチャー首相の政府は、一九七〇年代末にＮＰＭに基づく手法を正式に採用した最初の政府の一つだったが、関連する原理が世界中のあらゆる層で運営されている政府ですでに採用されていた。最初期におけるＮＰＭの適用例のいくつかは、北カリフォルニアの自治体に見られた。その地域では、長引く不況により市の指導者は政府支出を削減する革新的な方法を見つけることを余儀なくされた。ニュージーランドやオーストラリアの政府は、独自のＮＰＭに基づいて行政課題にすぐに取り組んだ。やがて、

Box 7　新自由主義

NPM は、「新自由主義」として知られる政治経済原理に根差した一連の市場志向の原理に共感する統治パラダイムである。新自由主義は、ドイツで第一次世界大戦後の時代に登場した「フライブルグ学派」に関係する政治的に穏健な経済学者や法律学者の一団によって最初に作り出された。この語はミルトン・フリードマンやフリードリヒ・フォン・ハイエクなどのノーベル賞受賞経済学者によって率いられた「市場への回帰」運動を指すキャッチフレーズとして後に用いられた。個人の自己利益や経済的効率性、抑制されない競争などの価値を称賛して、新自由主義は福祉国家の縮小や経済的な緊縮財政と結びつくようになった。1970 年代に、新自由主義として知られるこの原理の極端な一派は、チリ大統領のアウグスト・ピノチェトのようなラテン・アメリカの圧政的な独裁者によって、厳格な反社会主義的な運動の一部として採用された。しかしながら、1990 年代に、その語は、共産主義の崩壊に続く東欧のかつてのソ連の同盟国への米国的な「カウボーイ資本主義」の普及をねらった米国の政策提案に対する辛口の批判として左派的な学者によって用いられた。30 年以上にわたって、民間部門の効率化策や業績評価を強調する新自由主義に基づく NPM のプログラムはさまざまな政治家により担われてきた。最もよく知られた人物としては、米国のロナルド・レーガンやビル・クリントン、英国のマーガレット・サッチャーやトニー・ブレア、カナダのブライアン・マルルーニー、オーストラリアのマルコム・フレーザー、ボブ・ホーク、ポール・キーティングなどがいる。

一九八〇年代中頃までに、大半のOECD加盟国は同様に、NPMの行政実践を公共部門組織に導入した。

「新自由主義」として知られる新たに登場した原理に基づいて、NPMは市民統治への優れたモデルとして自主規制的な自由市場を尊重している（Box7）。その結果、NPMは、「公平」や「公正さ」に焦点をあてた伝統的な行政と結びついた原理や過程を、効率性の基準や生産性の目標などを重視するビジネス志向の原理に従属させる。この民間部門の「管理主義」への移行は、総合的品質管理（TQM）や「業務の効率化」、「目標管理」のような戦略に基づいた仕様から原理を適用（多くの場合、誤適用）することを公共部門の機関に強いた。管理主義の論理では、「顧客」の要望を満足させることを目的とした公共部門の「サービス提供者」へと、「公務員」の役割を変化させた。

NPMの第一波

一九八一年に就任の宣誓を行い、ロナルド・レーガン大統領は新しい経済再生政策を発表した。米国の高額所得者の税負担を引き下げるという論争を巻き起こした政策は、「レーガノミクス」として知られた彼の経済政策の要となった。「レーガノミクス」は、ある面では公共部門への幅広いイデオロギー的攻撃を構成するものであるが、また、広範な政府の社会福祉政策のメニューに対する大幅な削減を含んでいた。より小さい政府、したがって、「邪魔をしない」政府を求めて、レーガンは連邦による規制権限を州や地方の管理単位に移行することをねらったNPMに触発された「権限委譲」的な多くの改革のしくみを採用した。「新連邦主義」として知られるこの政策の下、多くの新しい行政上の対応は州により実行された。そして、しばしば連邦政府からの財政支援はほとんど受けられなかった。

レーガンは、「ブロック補助金」として知られる予算手段を利用して、多くの社会政策の財政上の責任と管理の両方を州に移管するという戦略的な取り組みを行った。それは、学校給食からメディケイド（低額所得者向けの国民医療保障制度）までに及んだ。社会福祉のような主要な給付事業は連邦政府により管理され監督されることが継続されたが、保守的な大統領は「競争」や「効率性」を促進することをねらって、全国的なメディケイドに簡素なバウチャーのしくみを導入しようとした。最終的に成功しなかったが、レーガンの取り組みは、社会福祉などの主要な給付事業の実施に関わる行政過程に民間部門の原理を導入するという前例のない動きを示すものだった。

レーガンの新連邦主義の政治的課題には、政府の規模を縮小させるというイデオロギー的な約束が深く埋め込まれていた。これはまた、経済学の「公共選択」学派により説かれた原理でもあった。この学派のメンバーたちは、個々の市民は「足で投票する」と主張して、地方政府の方が「顧客」のニーズにより精通していると論じた。加えて、彼らは、行政的統治の分権化されスリムな形態は、「不必要な」規制より民間部門の生産性を「邪魔する」ことが少ないと論じた。個人の選択や民間のイニシアティブを保護することに高い社会的な優先順位を求めて、公共選択学派は、「苦労して稼いだ」納税者のお金を特定の社会政策に支出する「価値」を評価するためには、厳格な「経済的」な原則やツールが用いられるべきであると主張した。

「レーガノミクス」は大統領の主要な経済アドバイザーの一人であるウイリアム・A・ニスカネンの業績から多くの影響を受けた。ノーベル経済学賞受賞者のミルトン・フリードマンの弟子であったニスカネンの非常に影響力のある *Bureaucracy and Representative Government*（『官僚制と代議制政府』）という一九七一年の著作は、世界中でＮＰＭの動きを刺激することに役立った。ニスカネンは、「合理的」な公共部門の官僚制と立法府の指導者は、納税者や社会的効率を犠牲にして、自分たちの管轄範囲と権力を拡大させる方法を探求すると論じた。政治家はより多くの票を得るために政治的に人気のある政策に金を使いすぎる傾向があり、同じ政策の実施に従事する行政官は政府官僚制の規模と管轄範囲を増大させる方法を常に探していると、ニスカネンは主張した。公務員は、より少ない経済上の資源を使って、その責任を果たし、その役割を実行する方法を見つけることができるような状況でも、彼らがそれを行う誘因は少ないと、ニスカネンは論理的に結論づけた。反対に、政治的志向性を持つ議員により彼らに配分される予算を「最大化」することを行政官は常に求めている。

ニスカネンの議論に影響されて、レーガン大統領は規制や社会的支出を伴うすべての提案を評価する費用便益分析を用いることを公共機関に要求する行政命令12291に署名した。この利用により、行政上の監督や執行に責任を持つ多くの社会政策や公的機関の予算は、大幅に削減され、もしくは、完全に削除された。実際、環境保護庁（EPA）のような政府組織により用いられた規制権限はこの方法を用いることで著しく削減された。

英国首相のマーガレット・サッチャーは「大きな政府」を軽視する点をレーガンと共有したが、彼女は地方政府への分権化や権限委譲を強調するレーガンの新連邦主義にはあまり共感を示さなかった。実際、サッチャーは地方の行政官を非常に非効率で、政治的腐敗が疑わしいものとして見ていた。したがって、地方議会が利用できる歳入を厳しく制約するため、伝統的な地方税を、新しく「人頭税」もしくは「コミュニティ・チャージ」に置き換えることを求めた。激しい政治的対立の下、首相は後にその不人気な決定を覆した。

サッチャーは、公的支出の「統制できない」割合と結びつく政府の拡大をひどく嫌い、民間の富に課税して政府の管理する「非効率」な事業や政策に財政措置するという慣行を強く批判した。サッチャーの公共部門経費削減運動の中心は、論争を呼んだ「中期財政戦略（MTFS）」だった。MTFSは、英国の財務および歳出担当大臣の関心の焦点を、短期的な課税および歳出の枠組みから、国の支出増を抑制することを目的とした長期的な戦略イニシアティブに方向転換させた。MTFSにより義務づけられた厳格な支出制限は、政策立案者や行政官に新たな試練を課した。彼女の立場を正当化するために、挑発的な首相は、社会にとっての「より大きな利益」のために厳格なNPMに基づく公共部門削減運動のメリットを彼女の同僚たちに納得させようとあらゆる手を尽くした。削減の理由を理解させるために、サッチャーはニスカネンの *Bureaucracy* という本を全閣僚の必読書とした。議会内で党に忠誠を尽くす熱烈な一団（サッチャライトとして知られた）により支持され、超保守的な指導者は、政府の規制の大幅削減や国営企業の民営化などを含むNPMに基づくさまざまな改革を実施する精力的な運動を続けた。

英国の巨大な行政官僚制を治める管理やリーダーシップの構造は不活発で柔軟性がないとサッチャーは考えていた。効率性やサービス改革に基づいた革命的なＮＰＭの実施を加速させるため、組織をより有効に「管理する」責任を引き受けることを公的な「管理者」に負わせる包括的な行政プログラムをサッチャーは採用した。「ネクスト・ステップ」として知られる新自由主義的なプログラムの下では、さまざまな公共サービスが、市場のようなしくみによって提供され、そして、任務を遂行するために必要な行政上の権限や資源を有する管理者によって監督される。これまでさまざまな政府の省庁によって遂行された専門的なサービス提供に関する任務や役割は、一つの役割を担う機関や組織が独立的に運営するように再配置される。この新しい行政的枠組みの下では、大臣は公共政策の立案を引き続き担い、一方、実施に関する管理機能や責任は独立したエージェンシーを通して管理された。「民間部門のような」厳格な説明責任の基準の下で運営されることにより、エージェンシーの管理者の業績のレベルは、所管の省庁の長により細かく監視された。

サッチャーの取り組んだ広範なＮＰＭの改革課題の一つとして、サッチャーは多数の国有企業の民間企業や投資家への売却を監督した。サッチャーのよく知られた民営化への動きは、ブリティッシュ・エアロスペース、英国国鉄およびアソシエイテッド・ブリティッシュ・ポートのような有名な巨大企業の売却と共に一九八〇年代初めに始まり、その後、ロールス・ロイス航空機エンジンや英国石油などの民営化へと続いた。多くの場合、国営企業は市場価値より安い値段で売却された。これはある意味、これらの組織の新しい管理者たちはこれらの組織に国際的な競争力を持たせるために、余剰資金を使って工場設備を近代化するだろうという前提に基づいた措置だった。マーガレット・サッチャーの後継者のジョン・メージャーは、後にいくつかの「ネクスト・ステップ」エージェンシーも民営化し、公共サービスの外部委託の範囲を拡大した。

地方自治体の行政官たちは、英国の公営住宅の建設や管理にひどく失敗してきたと確信して、サッチャー政権は多くの政府所有の物件を民間に売却するように手配した。かつて地方自治体は、重要な法律上のガイドラインもしくは手続き面での説明責任とは完全に無関係に、数百万件の物件に対する行政上の統制権を保有していた。住宅管理における行政的効率性の向上を促進するため、首相は一九八〇年住宅法を制定した。この政策下で、経済的に余裕のある長期の借家人に「住宅を買う権利」という選択肢が提供され、これらの借家人に「消費者」としての所有権を保障するための重要な法的条項が適用された。不幸なことに、サッチャーの善意の「改革」は乏しい成果しか残さなかった。包括的で公的な援助に関する財政的な枠組みが欠けていたため、多くの借家人は新しい「民営化された」住宅を購入する余裕がなかった。結果として、彼らはより安く、しばしば魅力の低い近隣地区に移ることを強いられた。それゆえに、英国の社会階級間に存在する不平等を悪化させることになった。

同様に、英国の工業部門が衰退した結果、大量の構造的な失業に直面した時、サッチャーはどの職業を保護し、あるいは廃止するかを決めるために、揺るぎない信念をもって「自由な市場」の手に委ねた。英国経済の未来は金融サービス部門の手にかかっていると信じて、サッチャー政権はロンドンの「シティ」が先駆的な世界の貿易センターとして再生されることを加速するための援助を一連の政策において採用した。この「変革」の一環として、首相は公共部門が統制する炭鉱、鉱山、製造業の工場に、厳格なＮＰＭに基づく民間部門の業績基準を課した。ＮＰＭの原則に信頼を置いて、目標や目的は明確に示されるべきで、成果は厳格な効率性の基準に従って評価されるべきであると、サッチャーは命じた。

国家の支出を削減したいという強い思いに駆り立てられて、サッチャーは英国の福祉部門関連の非効率性にねらいを定めた。なかでも最も劇的で論争的なのが、児童手当の改革運動に対する彼女の明確な態度だった。児童手当は所得や資産の有無とは無関係にすべての働く母親たちが同等に取得できた。社会保障や児童手当のような政策は「本当に必要」な人だけが利用すべきであると主張して、サッチャーは国への納税者の財政的負担を減らすために厳格な資力調査を課すことを求めた。サッチャーの妥協のない精神は有名だが、首相は、有権者や彼女自身の政党の何人かのメンバーからさえ、厳しい政治的な反対に直面して、これらの改革を縮小せざるを得なかった。

「鉄の女」は、ひるむことなく、英国の「時代遅れ」の年金制度を改革する努力を推し進めた。労働者が転職する時に、年金証書を持って移動することを個々の労働者に認めることにより、労働組合の統制から労働者口座を自由にすることを求めた。被雇用者の年金を現在の雇用者に結び付けるという国家が厳格に課したハードルを撤廃することで、被雇用者がより高い技術とより高額の給与の職を求めるようになるとサッチャーは論じた。敵対する有権者からの強い政治的抵抗に再度直面して、サッチャーは彼女の改革への野心を和らげざるを得なかった。しかしながら、固い決意を持つ首相は、現行の資力調査の適格要件に基づいて、多数のNPM的な行政改善を実施することに成功した。最終的に、彼女の政府は、給付金の配分における一貫性と公平性をより大きく高める方法において、規則と手続きの合理化に向けた大きな前進を遂げることができた。

英国の国民保健サービス（NHS）と関連したすべての問題の根本原因は、適切な財源の不足により官僚主義的な非効率性が構造的に埋め込まれていることだと主張して、サッチャーは革新的な解決策として自由市場を頼りにした。首相はＮＰＭに基づいた救済策に揺るがぬ信頼を置いて、公立病院に民間の医療提供者による入札を受け入れることを義務づけた。サッチャー政権は、地方の保健機関に関してより大きな行政的な権力や権限を提供する「柔軟性」を持つようにする改革立法を制定した。それは、多くの公衆衛生サービスの提供を民間部門に外注化することで、高騰する保健サービスの費用管理を支援するためだった。サッチャーの緊縮経済改革や新自由主義に基づいたＮＰＭの政策には、サッチャー自身の保守党内でも反対が起きたが、「あなたがそうしたいならば、方針転換したらよい。しかし、首相はそうはしない」と、サッチャーは挑戦的に宣言した。

オーストラリア

ＮＰＭの影響を受けた「管理主義者」的な思想や実践は、オーストラリアでは米国や英国で採用されたものと異なるものではなかった。実際、オーストラリアの公務員は、サッチャー政権やレーガン政権によって行われたＮＰＭ的な試みによって大いに影響を受けたことは文献上でも確認される事実である。オーストラリア連邦政府の行政府として、オーストラリアの公務員たちのＮＰＭに基づいた公共部門改革は、三つの異なる段階で展開された。一九八三年のロバート・ホーク首相や一九九六年のポール・キーティング首相などの左派的なオーストラリア労働党政府（ＡＬＰＧ）により初めて公務に導入されたＮＰＭのプログラムは、後に保守的な自由党と国民党の連立政府（ＬＮＰＣＧ）によってより厳格に採用されることになった。

一九八〇年代初めは、オーストラリアの人々にとっては厳しい時代だった。財政運営を司るケインズ的な行政枠組みは、オーストラリアの深刻な経済危機に対する満足な解決策をオーストラリアの指導者に提供することができなかった。かつての労働組合指導者として、ホーク首相は、労働者たちに援助や保証を提供すべきという厳しい政治的圧力を受けていた。ホーク内閣の財務大臣のポール・キーティングのリーダーシップの下、マンダリン（官吏）として知られる専門的な技術を持った行政官たちが、新自由主義的なマクロ経済政策一式の作成に協力するように要請された。中でも重要な特徴は、企業寄りの税制を導入したことと、インフレと政府の債務を減らすための取り組みとして、一連の公的支出を削減したことだった。また、実利主義的な首相は、オーストラリアの苦境に立たされている産業分野で確実に低下している生産性に対処するため多くの重要なＮＰＭ的改革の実施にイデオロギー上の違いを越えて協力するよう、労働組合と民間企業の両方に求めた。加えて、この改革は、オーストラリアの「政府系企業（ＧＢＥ）」部門に対する劇的な変化に貢献することになる大胆な規制緩和や民営化を特色とした。

一九八〇年代中頃、財政管理改善プログラム（ＦＭＩＰ）により新しい枠組みが導入された。同プログラムは、オーストラリアの公共部門にＮＰＭ的な鍵となる要素を「制度化」した。多数のオーストラリアの公共サービス機関で手続き面での運用において埋め込まれた「重大な」非効率性に取り組むことをねらって、同プログラム（ＦＭＩＰ）は組織の業績を改善するために「成果主義」の原理を採用した包括的な戦略管理プログラムだった。こうしたプログラムが提供されることにより、組織計画や予算予測からプログラムの実施や評価に及ぶすべての分野で運営上の手続きを合理化する新しい対策を採用するように、公務員は求められるようになった。

多数のオーストラリアの公共サービス改革は、連邦政府と州政府の間の行政上の調整を改善することを特にねらっていた。この取り組みの一部として、実施に関係するより大きな行政上の裁量や説明責任が地方自治体に委譲された。財政や人的資源管理から政府系企業の民営化に及ぶ多数の明確なNPM的な特徴を持つ提案が、幅広い分野で実施された。政権に就くとすぐにキーティングは、政府系企業を世界で競争できるようにオーストラリアの時代遅れの規制政策を再編することを目的とした包括的なNPMプログラムを採用した。政府系企業は、オーストラリアの国内総生産の一〇％以上を占め、オーストラリア経済において重要な役割を果たしていた。例えば、鉄道、電気、ガス、水道のような公共事業は、オーストラリアの生産において、合わせて五％近くの富を占めている。政府系企業は全体としてオーストラリアの民間ビジネス部門の株式資本の約四〇％を占めているというのも、同様に印象的である。通信から水力発電に及ぶ重要なサービスを提供するいくつかのオーストラリアの先駆的な政府系企業には、テルストラ・テレコム、スノーウィー・マウンテンズ水力発電公社のようなよく知られた巨大サービス企業が含まれる。キーティングは、サービス提供を改善するために「商業化」といった民間部門の消費者サービスの方法を採用した。NPMの改革過程における次の段階は、政府機関が特定の政府系企業の運営面の統制を民間の管理者に徐々に譲渡する「法人化」として知られた。NPM的発展の最終段階は、政府系企業が民間の手に売却される「民営化」である。よく知られた例には、カンタス航空やコモンウェルス銀行などの国際的な企業銘柄がある。

いくつかのオーストラリア政府により試みられてきたNPM的な改革は、オーストラリアの公共部門に長く浸透してきた深い構造的問題を十分に解決することはなかった。オーストラリアの公共サービスに対する財政管理改善プログラムの改革枠組みでは、「一連の脈絡のない管理アイデアや改革過程の保管庫」にすぎないという批判があった。オーストラリアの公共サービス体系は、組織内の調整を改善するため、連邦および地方レベルの両方で異なる管理機能を根本的に統合するような方法で完全に見直すことが必要だった。

NPMの第二波

NPMの「第二波」は、米国のビル・クリントンや英国のトニー・ブレアの政策的取り組みと最も明白に関連していた。彼らの新自由主義的な取り組みは、レーガンやサッチャーの時代の原理の多くを採用したが、包括的な「福祉から就労へ」という改革戦略、新しい最低賃金政策、ワーキングプアやその家族向けの税控除措置の拡大を含むいくつかの社会正義に基づく政策を含んでいた。

一九九三年一月に政権を担うとすぐに、米国大統領・ビル・クリントンは、財政の安定化に彼の政権は強力に取り組むと発表した。抑制されていない公的支出がインフレ上昇に圧力をかけ得ることを常に意識して、新しい大統領は政府部門の支出に関する明確な予算制限についての概略を示した。これらの目標を達成するため、クリントン政権は財政的に「よりスリムで」効率的な公共部門を創設するという新しい方法を模索した。結果として、穏健な左派の大統領は、「政府の再生」として知られるNPM的取り組みを採用した。このアプローチの先駆的提案者であるテッド・ゲーブラーとデビッド・オズボーンは、新しい種類の「触媒的な政府」を促進することを求めた。それは、公務員が政策課題の「舵を握る」べきであるが、多様な公的および民間の機関が実際に「漕ぐこと」もしくは公共サービスおよびプログラムの日々の実施や提供に関わるというものである。「触媒的な政府」に関するゲーブラーとオズボーンの一〇の原理は、競争、結果重視の行政システムを強調した。

政府の再生に向けたクリントン政権の国家パートナーシップには、国家業績レビューの実施が含まれていた。同レビューは、政府の無駄を減らし、行政効率を促進し、官僚制のより大きな説明責任を保障するために用いられた。ほぼ同様の方法で、ブレア政権は、包括的支出レビューと公共サービス協定を採用した。これらは、資源の最も効率的な活用を見つけるための取り組みとして、財務省と他のさまざまな内閣における支出を伴う省庁の間でより大

Box 8　NPMとしての新自由主義：政府の10の目標

1. 触媒としての政府：船を漕ぐより舵取りを
2. 地域社会が所有する政府：サービス提供よりもエンパワメント（権限付与）
3. 競争する政府：政府によるサービスへの競争の導入
4. 使命重視の政府：規制重視の組織からの転換
5. 結果重視の政府：投入する予算重視ではなく、成果重視の予算へ
6. 顧客重視の政府：官僚ではなく、顧客のニーズへの合致
7. 企業化する政府：支出より収入
8. 先を見通す政府：治療より予防
9. 分権化する政府：階統制から参加とチームワークへ
10. 市場志向の政府：市場をテコにした変革

出典：David Osborne and Ted Gaebler, 'Reinventing government (1992)', cited in Robert B. Denhardt, *Theories of Public Organization*, 5th ed., pp. 145–6.

きな調整を促進するためのものだった。加えて、両政府は、長期的な支出目標の概略を示した包括的予算戦略を採用した。

ＮＰＭ政策の第二波の実施の成功例では、政府と民間ビジネス部門として別々のレベルで運営されている多様な機関や担い手の間に十分な程度の調整と相互作用が必要とされた。残念ながら、これらの政策戦略の設計や実施において、これらの複雑性の多くがしばしば考慮されることがなかったので、悪夢のような経営が行われている（Ｂｏｘ８）。

「時代遅れの規制政策」が企業家的な提案の邪魔をしているという懸念に対処するため、クリントンは柔軟性や自律性を高めた金融サービス部門に提供するため数々の規制緩和措置を実施した。それは金融サービス部門が世界市場で出現している新しい金融の機会を活用できるようにするためだった。例えば、これらには、保険会社と証券会社の分離と同様に、商業銀行と投資銀行の業務を分離する多くの法律上の壁を取り除くことなどが含まれていた。しかしながら、そのような規制緩和措置に伴う壊滅的な危機は、二〇〇八年から二〇〇九年にかけての世界的な金融および不動産市場の壊滅的崩壊までは完全に認識されなかった。

「古い」製造業を中心とした経済から「新しい金融を中心とした経済」へ転換することによって引き起こされる構造的な失業や経済的な困難に対処するため、クリントンは現代的で高度に熟練した柔軟性を持った労働力を増加させるNPM的な戦略を模索した。クリントンの「ワークフェア」は、「福祉依存」に陥るのではなく、労働者への技能開発訓練と失業者への公的扶助の組み合わせという革新性の実現を目指していた。クリントンの「福祉から就労へ」プログラムは、ロナルド・レーガンの一九八八年家族支援法の影響を部分的に受けていたと文献などに記されている。クリントンは、「新民主党」と命名された彼自身の政党内で大きくなった新自由主義的な運動から自らの政策課題への政治的支持を獲得した。アル・ゴア、デイブ・マッカーディ、エド・キルゴアア、ジョー・リーバーマンのような新世代の中道左派の政治家から成るこの雑多な集団は、「集合的な福祉」という党（民主党）の伝統的関与を、「個人の責任」や「説明責任」などのNPM的原理と結びつけようとするクリントンと思いを共有した。幅広いNPMプログラムの一環として、クリントン大統領は一九九六年福祉改革法を支持した。同法は、一九三〇年代に遡ってフランクリン・D・ルーズベルトにより導入された扶養児童援助政策を置き換えるものだった。クリントン政権の「政府の再生」を主導する「ワークフェア」プログラムは、ワークフェア手当を受け取ることと引き換えに、「労働」を義務づけた。その厳格な条項の下で、受給者は最長二年間しか援助を受けることができず、有給の雇用を獲得するか、もしくは新しい職業訓練プログラムに登録しなければならなかった。累計五年間の援助を受けた後、受給者への支給は打ち切られる。この政策では、短期失業中の母親を支援するため、児童福祉や医療保険のための特別措置を設けることを行政官たちに認めた。だが、福祉手当の期間を制限する命令は、より高い給料の仕事に就く資格を得るために必要な学校などにシングル・マザーが通うことを難しくした。

クリントンの「政府の再生」提案の下、レーガン政権のNPMプログラムと同様に、カウンティや自治体によって管理される多数の社会サービスは、民間部門の企業に外注化された。

多くの事例において、一人暮らしの母親に対する児童手当などの基幹的な支援サービスの提供が妨げられた。これらの事例では、多くのその政策やプログラムを成功裏に実施するために必要な行政機関と民間機関との間の複雑な調整がしばしば欠如していた。第六章では、政府間関係に関わるいくつかの主要な実施上の問題を検討する。

「富裕層と超富裕層」のみの経済を作ることを決め、トニー・ブレア首相や後にゴードン・ブラウン首相によって率いられた中道左派の政府は、いくつかの最も派手で政治的に人気の新自由主義的なプログラムを常に採用した。この「ニュー・ブリテン」に関するブレアの考え方を実現するために、世界的な新しい投資家集団を呼び込まなければならないとブレアは理解していた。これには、英国の公共部門の「業務」のやり方を変えることも含まれていた。前任者の失敗から学びながら、ブレアは財務省（および他の支出を伴う省庁）、閣僚委員会、タスクフォース、民間企業集団、その他の組織と緊密に連携しながら、重要なＮＰＭ改革を始めた。こうした取り組みの一環として、三〇〇を超えるタスクフォースが中央政府の省庁間の調整を促進するために、そして、大臣に助言を与え補佐するために設置された。ＮＰＭの処方箋に沿って、財務省はより透明性と説明責任を高めるため、プレ・バジェット・レポートつまり「グリーン・バジェット」を発表し始めた。加えて、債務への意識が高い首相とその内閣は、健全な財務管理に関する五つの原理（透明性、安定性、責任、公正性、効率性）を重視した財務安定化基準を導入した。政府が明確に規定された目的やルールに従うことを、同基準は義務づけた。ブレア政権の健全な財務管理への揺るぎない姿勢により、閣僚が定期的に包括的支出レビュー（ＣＳＲｓ）を採用するようになった。これらの包括的支出レビューは、厳格な費用・便益計算に基づいて作成された明確な各省の支出計画および目的を提供した。「包括的支出レビュー」および「公共サービス協定」は、無駄や非効率を取り除く取り組みで、資源の最も効率的な活用を評価するためにその後に導入された。さらに、「業績刷新室（ＰＩＵ）」が政策の設計や実施の一貫性を大いに高めるために設置された。

「過度」の公的債務を求める傾向を制限するため、ブレア政権はまた、「黄金律」として知られるようになるものを実施した。それは、公債がＧＤＰの四〇％以上にならないように厳格な制約をかけるものだった。ブレア政権は保健、教育、社会保障に関してはこれ以上の赤字支出を行わないと、経済界に請け負った。ブレアの福祉改革のパッケージは、クリントンの「ワークフェア」を直接的な手本とした新しい「福祉から就労へ」という政策を含んでいた。当初は民営化された公共事業に対する一回限りの「超過利潤税」を財源としたが、ブレアの訓練に基づいた福祉改革の実験は、「社会正義」に関する彼の公約とも一致していた。それはまた、福祉手当は個人の「説明責任」や「責任」を保証する新しい基準を満たす場合に交付されるという選挙公約とも一致していた。

要約すると、ブレアの社会政策に関する改革課題は、次の三つの重要な分野に焦点があてられていた。①失業手当、②ワーキングプアに対する補助金、③国民保健サービス（NHS）。サッチャーの大胆なNPMに基づく福祉国家に対する改革に大きく影響を受けたブレアの新しい政策提案は、行政機能や手続きをより効率化するために合理化に焦点があてられた。説明責任や透明性に関する新しいしくみが、コンプライアンス（規則遵守）を確実に保証するために制定された。サッチャーの論法に従って、単に「多くのお金」を提供することは、病んでいる英国の福祉体系に埋め込まれた深い構造的問題を解決するのに十分ではないと、ブレアは論じた。したがって、新自由主義的な首相は、英国の「家父長主義的」な福祉体系をより「柔軟」なワークフェアの研修制度に置き換えることを求めた。それは、民間組織とのNPM的な「パートナーシップ」モデルと一致するものだった。

ケインズ主義的な「大きな政府」に対する政治的反動に端を発して、NPMの第一波はレーガン政権やサッチャー政権で大変共感を持って歓迎された。ほんの数年間のうちに、それは大流行したように見えた。つまり、NPMのアイデアが世界中の政府に広まった。しかしながら、これまでに概観したように、ＮＰＭに関するアプローチのさまざまな面が異なる国々の異なる政治指導者によって強調されてきた。それらに共通した点は、より大きな「効率性」と、業績に基づいた説明責任の基準および実践を課すことを共に重視することだった。いくつかの事例において、これらの国々の多様な統治レベルでの行政構造や過程において、この市場重視のパラダイムを制度化するために、皮肉なことに、強力な（弱くない）政府介入が必要だった。いくつかのＮＰＭで最も華々しい表出は、一九七〇年代のオーストラリアや一九九〇年代の米英において民主的な左派の政府によって精力的に行われた。顧客サービス、目標管理、定量的把握による業績や説明責任を重視する今日のＮＰＭは、公的部門に関わるほとんどすべての組織の目的に関する文書や政治的会話で明らかである。実際、統治のすべてのレベルでの明らかにＮＰＭに基づく原理が今日、疑いもなく採用されていることは、管理のスタイルとしては選択の余地がないことを示唆している。しかし、本当に選択の余地はないのか。近年、表面化してきた行政における新しい動きが、これに異議を唱えている。

第6章　新しい行政の時代

「最善の実践」から「リフレクティブ・プラクティス」へ

第五章で見たように、重要なＮＰＭ改革が、民間のビジネス・スタイルにおける業績および説明責任の基準を制度化することに焦点を置いたさまざまな政府によって行われた。これらの定量的な面を重視したいくつかの業績基準は効率性を促進し、組織の業績を向上するという名目から採用された。しかしながら、いわゆる「収益」に専ら焦点をあてるこれらのアプローチの多くは、業績低下の実際の原因となっている深い体系的もしくは構造的な問題を解決することに失敗した。結果として、多様な別の手段およびアプローチが、これまでの数十年間にわたる行政の研究分野や実践において人気を得てきた。例えば、ドナルド・ショーンなどによって導入されたリフレクティブ・プラクティスは、組織管理の分野において、しっかりとした地位を築いてきた。フレクティブ・プラクティスは、特定の管理者が「正しいことをしているのか、または、間違いを犯しているのか、もしくは、もっとより良く行えるのか」についての自己評価を継続的に行うものである。組織の構成員は、実践しながら学び、その結果、組織の構成員は即時に現行の実践および手段に改善を施すことができる。しかしながら、最高レベルの組織指導者だけは、個々の機関内に「実践による学習文化」を作る権力を持っている。被雇用者がリスクを負い、実験に従事する自由と柔軟性を、組織内の指導者や管理者から与えられることを、これは意味している。

いわゆる「学習する組織」の文化を作ることを提案してきた指導者は一般的に、被雇用者が行う決定および活動が生む肯定的および否定的なフィードバックの両方を反映することを被雇用者に促す。さらに、組織内の対立や矛盾は、管理者とそれに従う者との間での率直で誠実な話し合いを通して解決される。リーダーシップとイノベーションに関する専門家であるジプシー・B・ラニーは、表3で学習する組織に共通するいくつかの重要な特徴を確認した。

表3　学習する組織の特徴

	イノベーションの支援	イノベーションを支援しない イノベーションの抑制
目的	利害関係者、社会の利益、学習	主に財政的利益
目標	組織的	狭小な機能
構造	ヘテルキー（異階層）、機能間に適合可能な相互作用	階層的、厳格な機能上の報告
内部の関係	協調的、交差機能的	競争的
報酬、認識	非競争的、組織での成果を称賛する	ゼロサム、競争的、個人志向、割り当てられた仕事の執行および目標の達成の重視
失敗への対処	何がうまくいかなかったのかを知ることに価値を置いた学習の機会として扱われる。知的な危険負担の文化	懲罰的、批判的
成功への対処	チームワークが妥当とされ、より大きな利益への貢献が称賛される。	個人的成果
時間の範囲	短期および長期	短期のみ
投資を評価する基礎	財政的評価および潜在的市場、消費者、競争相手の考慮	一般的な財務上の手段の活用のみ
アイデアの探求	新しい技術および過程に対する広範な探求	認知された業界内での競争に限定
実験	教育および訓練による促進、支援。時間および指導の提供	価値のある実践とは認められない

出典：Gipsie Ranney, slide presentation on ‘Deming’s Ideas in the Twenty-first Century’, The In2In Network Forum Meetings at California State University Northridge on 20 June 2014.

「新しい経済学」とシステム学習

広く読まれた著書『産業・政府・教育のための新しい経済』の結びの文章で、W・エドワード・デミングは、「仕様への適合性や、欠陥ゼロ、シックス・シグマの品質、他の仕様を重視した特効薬を過度に強調する管理過程は、すべて論点がずれている」と、主張した。一見すると、デミングの注意深く選ばれたコメントは、NPMスタイルの定量的な業績測定に対する痛烈な非難であるように見えるかもしれない。しかしながら、実際にはそうではなかった。むしろ、デミングは、経営陣が重視する技術的業績評価基準の偏りを、リーダーシップに関するより幅広い哲学を採用することの重要性に方向転換することを求めた。デミングが考えた効率性とは「正しく」何かをすることを意味し、一方、デミングが議論を進めた効果的なリーダーシップとはそもそも「正しいこと」をすることを意味している。したがって、指導者は明確なビジョンを持ち、組織内の他の構成員にそのビジョンについて効果的に伝達できなければならないと、デミングは主張した。

完全に孤立して運営される機関はないとの信念に従って、うまく機能する組織は、共通し

Box9　W・エドワード・デミングの効果的な組織に関する「14のポイント」

1．サービスの改善に向けて恒久的な目的を設定する
2．管理を変化させるためには経営陣はリーダーシップをとらなければならない。
3．大規模な検査の必要性を減らし、過程の中では品質を優先する。
4．総費用を最小化する。どの項目もしくはサービスについても単一の供給者に移し、忠誠心と信頼関係を長期的に構築する。
5．体系の継続的改善に焦点をあてることが、費用の継続的な削減という結果をもたらす。
6．「仕事を通じた研修」をしながらのプログラムを設ける。
7．管理の目標とは、より良い仕事ができるように、支援することである。
8．不安を追い払えば、全員が組織のために効果的な仕事をできる。
9．部門間の壁を取っ払えば、各部門がチームとして仕事をすることに役立つ。
10．目標管理やその他の数値目標による管理を減らす。低い生産性の原因は、体系、つまり、構成員個人の力を超えたところにある。
11．従事者からサービスを誇りとする権利を奪うような壁を取り除く。
12．管理者からサービスを誇りとする権利を奪うような壁を取り除く。
13．教育や自己改善に関する活発なプログラムを設ける。
14．変化を果たすために働く組織にする。

出典：The W. Edwards Deming Institute and W. Edwards Deming, *Out of the Crisis* を一部改変。

た目的を持つサービスにおける全体的な「体系」の部分としての課題や任務を特に遂行すると、デミングは主張した。対照的に、伝統的な組織文化は、他組織との相互依存体系の中での機関の機能に焦点をあてるよりも、むしろ体系の部分（個々の機関やその中の部門など）を改善することに焦点をあてる。デミングの見方では、「体系は相互依存的な構成物から成るネットワークである」。その構成物は、組織の指導者に概略が示され支援される特定の目的を達成するために調和しながら働いている。これを示すために、デミングは組織の管理者をオーケストラの指揮者に例えた。デミングが示した指揮者の役割は大きな交響曲の部分として個々の音楽家が演奏できるようにすることである。最も技術のあるバイオリン奏者がオーケストラの他の構成員と合わせて演奏することに失敗したら、その演奏は崩壊する。実際、成功するためには、個々の構成員が他者を支援し、逆もまた同様のやり方で、音楽家は共に相互依存的に働かなければならない。害を与えるよりむしろ、信頼や協力を醸成する体系を形成し、リーダーシップの重要性をより良く理解するため、Ｂｏｘ９のような効果的な組織の「一四のポイント」をデミングは示した。

行政官の仕事が他の機関によって遂行される機能とどのように相互依存するのかについて適切に理解することに行政官が失敗すると、悲劇的な結果を招く。この点を示すため、児童福祉や安全に関連するある有名な事例を簡単に見てみよう。ロサンゼルス・カウンティでは、児童福祉行政は、カウンティ内の多数の機関や無数の行政官との複雑な相互依存や共同の取り組みに依存している。家族・児童サービス部（ＤＣＦＳ）、精神衛生部、社会サービス部、地方レベルの学校区、カウンティ警察部は、ディストリクトの検察庁や家庭裁判所と共に、カウンティの監督下にある児童の健康を評価する過程に共同して関わっている。これらの個々の機関（および機関内の各部）はこの評価および保護過程に相互に関わる多数の重要な機能を果たす一方で、彼らは相互には結びつかない各自の任務をしばしば行う。

最も極端な事例では、機関間での調整や情報共有の失敗が致命的となる可能性がある。ロサンゼルス児童福祉体系の監督下にあったにもかかわらず、二〇〇九年から二〇一三年の間に三人の子どもが亡くなった。同様に懸念されることとして、これらの痛ましい死の背景にある原因を調査するためにカウンティによって任命されたブルー・リボン委員会は、報告された多くの他の児童虐待の事例が適切な機関によって適正に調査されなかったことを見出した。機関間のコミュニケーションや調整不足を指摘して、委員会の報告書は、悲劇は報告についての体系的な失敗の結果であることを明らかにした。同委員会の報告書の発表後、ロサンゼルス・カウンティ家族・児童サービス部の部長は、「カウンティ内には多くの課題があり、児童保護の全体に対して単一の機関が責任を持つことはできない。保健、精神衛生、家族・児童サービス部、保護観察および法執行機関、多数の他の組織、民間企業などが、児童保護に責任を持たねばならない」ことを確認した。

まさに上記の胸が張り裂けるような事例において見てきたように、コミュニケーションは機関間の調整にとって重要である。しかしながら、異なる機関をまたいで活動する行政官の間で真のコミュニケーションが行われるためには、個々の任務や役割がどのように結びつくのかについての共有認識を育まなければならない。しかしながら、実際には、カウンティ、地域、州の管轄を横断して活動する公共部門組織間の対話はまれである。個々の機能や任務が機関の外で活動している他の仕事にどれくらい依存しているのかについて、閉鎖的な組織文化では管理者はしばしば理解できないことがある。たいていのトップダウン的な命令や統制的な組織文化には有害な「死角」があり、指導者や管理者にとって多くの共通の問題や脅威、機会、財政的資源などを共有された現象として認識できない（実際にそれらが存在する事例においても）。

機関間での協力による利点は明白であるが、異なる公共機関間でコミュニケーションや継続的な対話を促進する道を開くことは容易な仕事ではない。したがって、機関間の結びつきはそれらの被雇用者の個人的および専門的な相互関係を通して最も容易に促進される。例えば、多くの深く永続的で専門職業的な結束は、異なる機関出身の被雇用者が共通の教育および研修に関する体験を通してお互いに協力し合う時に形成される。この過程がどのように働くのかをより深く検討するため、別々の組織出身の管理義務のある被雇用者の集団が共通の大学院レベルの専門的教育を共有する事例を見てみよう。

革新的な研修および学位取得を中心としたプログラムが、公共機関が直面する新しい課題に対応するために必要な技術力をカウンティの中堅職員に提供する。それを発展させることができる方法を探る提案を、数年前、ロサンゼルス・カウンティの首席行政官は示した。こうした議論の結果、「学生コーホート（集団）」学習モデルを通して、さまざまなカウンティの機関の職場で、大学院レベルの学位や研修のクラスを提供するため、地元の大学との提携業務を始めた。大学の行政学修士（ＭＰＡ）課程に登録したカウンティの職員は、二年間同じクラスで過ごす。徹底的な教室での議論やグループでの交流を通して、集団の構成員は彼らの仕事が自分の部署や機関の外の仕事とどのように相互に依存しているかについて徐々に強く認識するようになった。おそらく最も重要なことは、学生が、学術的および実践的に得た組織に関する知識をどれくらい応用できるかにかかっている。応用の目的はその組織に関する情報により彼ら自身の機関の間でのコミュニケーションや調整を改善することであり、そのために教室内で時間をかけて共有し、実質的な議論を行ってきたのである。

ニュー・パブリック・サービス

体系的思考が理論および実務でどのような働きをするのかについて考察したところで、近年、注目されているもう一つの新しい行政のアプローチを見てみよう。政府や公的部門の主要目的をめぐるNPM的なアプローチの中核的な考え方との根本的な哲学的論争によって、「ニュー・パブリック・サービス（NPS）」として知られる新しいパラダイムが、二一世紀初めに初めて登場した。「公務の本質や、統治における行政の役割、官僚制や効率性、応答性、説明責任をめぐる価値対立などの中核的な疑問」に対処するため、先駆的支持者であるジャネット・デンハートとロバート・デンハートは、ビジネスの原理よりも市民志向の価値を強調した。統治は、「公共の価値」を創造することにまず何よりも焦点を置くことが必要であると、彼らは論じた。この「公共の価値」の語は、ハーバード大学ケネディ政治大学院の

Box10　ニュー・パブリック・サービスの中核的な原理

1．公務員の役割は、新しい方向に社会を操縦することよりも、市民が共通の利益を実現できるように市民を支援することである。
2．大衆の要望は、集団的な取り組みや連携的な過程、共有されたリーダーシップを通じて最も効果的に達成される。
3．大衆の利益は、個人的な自己利益の集合体というよりも、むしろ共通の価値に関する対話の結果である。
4．公務員は、顧客の需要に単に応じるだけではなく、むしろ市民の信頼に基づいた関係を構築すべきである。
5．公務員は制定法および憲法、コミュニティの価値、政治的規範、専門職業的基準、市民の利益に注意を払わなければならない。

出典：Robert B. Denhard, Janet V. Denhard, and Maria P. Aristigueta, *Managing Human Behavior in Public and Nonprofit Organization*, pp. 467–70.

管理に関する教授であるマーク・H・ムーアによって最初に作られた。公共の価値を創造することについてNPSが重視することは、過去二〇年以上にわたって、行政の研究分野や実践において注目を集めてきた。公共の価値を創造することは、市民が集団としての目標を持ち、そして、その目標を達成するための戦略の策定に市民をより直接参加させるように促すことを意味している。管理の専門家であるジョン・ブライソンによれば、「合理的な費用で公共の利益や共通善を促進する事業や政策、プログラム、プロジェクト、サービスなどを作ること、もしくは、物理的・技術的・社会的・政治的・文化的な基盤を生み出すこと」を意味する。

公的な機関への市民のより大きな信頼を高めるための革新的な方法を発展させることは公的管理者の義務である。そうした努力において、公的な管理者はいくつかの本質的な問いを発する必要がある。この組織は元々何のために作られたのか。それはなぜ存在し続けるのか。それは誰に仕えるのか。この組織が市民や市民に仕える公共部門組織と協力して設けた公共の価値や関係する政策目標を最大化することに成功するのか、それをどのようにして知るのか。これらが問いに含まれる（Ｂｏｘ10参照）。

「舵取りよりサービス」という流行の言い回しを使って、二人のデンハートはＮＰＭの「効率性」（およびそれに関連する概念）を重視する狭い捉え方を、「民主的な説明責任」や「市民の関与」という価値に置き換えることを求めた。市民に政治的政策過程へのより大きなアクセスを与え、これらの過程を形成するに際してまず彼らに真の発言権を提供することで、市民自身がコミュニティに意味ある変化を生み出すことに市民が個人的に関与できるようになることを、ＮＰＳは前提にしている。「熟議的統治」として知られる過程を通した政策や行政上の決定では、政府の職員や政策専門家、財界関係者、メディア、他の関連の利益集団と同じレベルで活動する市民も、合意構築の議論に参加する。NPSの統治モデルの下では、市民が属すコミュニティを形作る独自の状況や特徴を反映して問題を明確にし、解決策を作ることに役立つよう、積極的に関わる「利害関係者」として市民を扱っている。民主的な価値や参加に基づく統治の重要性を強調する点で、第五章で言及したドワイト・ワルドーの新しい行政（NPA）のアプローチと、多くの方法面で、NPSは非常に共通点がある。

多数の利害関係者が関与するそのような議論を促進し構造化することに役立つように用いられる一つの道具が「戦略的計画化サイクル」として知られる審議過程である（時に「戦略的変更サイクル」とも呼ばれる）。戦略的計画化サイクルは、よりオープンで、一般的でより包摂的なタイプの戦略的計画化のモデルである。それは、特に公的部門および非営利部門での活用にうまく適合している。伝統的なトップダウン的戦略計画化アプローチより有機的および非公式に多くの場合より構造化されているので、異なる分野の利害関係者の多段階の審議計画化過程への参加の方法と時期を、公的管理者が監督する際に、戦略的計画化サイクルは特に有益である。この過程の一部として、組織を取り巻く政治的・社会的・経済的環境を参加者がより良く理解できるように、参加者のために役立つように利害関係者への分析がしばしば用いられる。公的組織がより広い体系の中でどのような位置を占めるのかについての理解を改善することは、公的管理者やその顧客が直面する重要な戦略的課題や問題について、公的管理者が認識する上で非常に役立つことが証明される。上記で論じた反省をふまえた実践原則を採用することにより、公的管理者はこの重要な情報を活用して、自らが行う決定やそれに続く活動を改善することができる。

「国民」と政府機関との間のファシリテーターおよび誠実な仲介者としての新しい役割へと公的管理者は移行するので、より複雑でグローバルな問題への解決策を設計し実施する際に、市民の多様な集団と集団らしからぬパートナーシップを構築する技術が公的管理者には必要になるだろう。同時に、ＮＰＳモデルの成功は、深い政策論議に従事する用意がある十分な情報を持った市民の積極的な参加に依存している。統治過程に参加するために市民により大きなアクセスを単に与えるだけでは十分ではない。市民は、社会が直面する重要な政治的争点とそれに関係する政策および行政過程にも精通しなければならない。

しかしながら、ＮＰＳに対する批判者たちは、米国にいるほとんどの市民が政策（およびそれに関連する過程）の知識もしくは「公共の価値」を創造する上で、「公共事業」を成功させるのに必要な専門的な行政技能を持っていないと指摘している。雑誌『エコノミスト』の定評のある民主主義指標によれば、いくつかの国々は、他国に比べて、ＮＰＳスタイルの参加型統治形態により適している。エコノミスト・インテリジェンス・ユニットがまとめたこの指標は、民主主義の状況に従って、一六〇か国をランクづけるため六〇から成る指標を使用している。①選挙過程、②公民権、③政府の機能、④政治参加、⑤政治文化などの包括的なカテゴリーに分類される要因に関する広範なリストを考慮したこの指標は、この種のものの中で最も包括的な尺度の一つである。この指標によれば、ノルウェー、スウェーデン、アイスランドのような国々は、NPSの統治過程がうまく機能するために必要な資質に関してより良い成績を修めているように見える。一方、リストでもっと下にランクされる米国のような国は、そうなる可能性が低いかもしれない。

NPSの候補者としてふさわしい「正しい」要因の組み合わせをある国が持っていても、NPSに関する批判者たちが指摘するように、そもそも「公共的価値の創造」とは何を意味するのかという未解決な問題が残る。実際、「公共的価値の創造」と「誰がそれを定義するのか」は、NPSの支持者がいまだに論じている白熱した争点である。

第7章　グローバリゼーションとネットワークガバナンスの登場

世界は変化しており、しかもその変化の流れは速い。行政はグローバリゼーションの時代の中でも発展し続けているので、現代の政府が内政上直面する問題の多くは、国外の国や地域に元々の原因があることがある。自治体は国外の問題に直接取り組む能力が限られているので、地方行政は益々不安定になり、予想し難い環境の中で業務に適応しなければならない。実際、新しい時代は、「誰も主導権を握っていない」という「不合理」や「混乱」により特徴づけられる。それは、比較的安定した国民国家中心の体系との関連を特徴としてきた「合理的な」過程をあっという間に凌駕しつつある。

公的ガバナンスや行政と関連する行政活動の多くは、伝統的には国民国家の統制下にあったが、現在は政府組織や非政府組織（ＮＧＯｓ）、民間企業、独立系機関、市民グループから成る緩やかに結びついたネットワークによって執行されている。そのような国際的なネットワークは、関連する政策もしくは行政上の争点、懸念点などの特定の組み合わせを中心に通常組織されるので、地方、地域、国家、国際的レベルで同時に活動している個人や集団を含む場合がある。「ネットワークガバナンス」もしくは「ネットワークによるガバナンス」として一般的に言及される多数の国内および国際的な担い手の参加は、主権を持った統治機関が公共政策をうまく実施することを妨げる可能性がある。そのような雑多な環境下で機能することを強いられ、現代の公的管理者は、共同して目標を追求する際に、ばらばらの国内および国際的な集団をまとめるための新しい合意構築技能を開発することを求められる。より詳しくこれらのネットワーク・アプローチのいくつかを見てみよう。

すでに論じてきたように、グローバリゼーションの力によって行政官たちは国境を越えた統治の形態に益々注意を向けざるを得なくなっている。ここでも、伝統的なトップダウン組織の体系は、国際協力が求められる複雑でグローバルな問題や危機を解決するには不十分な構造となっている。過去数十年にわたり、統治の複数の層を通じて運営される公的および民間機関によって緩やかに構成されるネットワークは、行政における重要な役割を益々果たす

Box11　政策および行政ネットワークの形態

1．情報提供：構成員はアイデアと知識を共有し、所属組織での仕事に役立てる。
2．発展：構成員は、情報とアイデアを交換する。被雇用者が業績を改善する能力を開発するのを支援するために、教育的資源が提供される。
3．訪問支援：構成員が情報および能力開発活動に従事することを支援するのに加えて、ネットワークの構成員は連絡先情報や資源活用の機会を顧客と共有する。
4．活動：構成員は、ネットワークの共通目的の達成を助けるため、所属組織の方針や日常業務の変更に取り組む。公式の援助には、財源、サービス提供、もしくはネットワークの将来の利用のための共通資源の開発などを含む。

出典：Robert Agranoff, *Managing Within Network: Adding Value to Public Organization*, p. 10.

ようになっている。

ネットワークガバナンス形態の体系では、権力や権威は一国の政府の範囲や統制を越えて活動する多様で自律的な利害関係者の間で分権化され分散される傾向がある。グローバルな気候変動から人間の安全保障に及ぶ範疇で、価値、懸念、争点、問題をめぐって組織されるネットワークガバナンスは、その規模や範囲が大きく異なる可能性がある。組織構造が柔軟かつ流動的なので、参加者が状況変化に応じてネットワークを出入りすることができる。例えば、外国からのテロの脅威に対処するため、米国の国土安全保障省は、インターポールのような国際的な情報機関と並んで、FBI、CIA、国家安全保障局、地方警察機関などの国内組織と連絡・調整しなければならない。脅威をめぐる状況は変化するので、他の機関やグループと新しいパートナーシップが構築される可能性がある。自治体、地域、全国レベルで組織される統治ネットワークが特に気候変動危機への取り組みにどのような影響を与えたかいくつかの事例を見てみよう（Box 11）。

今日、世界の七〇億の人々の大半が都市および大都市圏エリアで暮らしている。驚くことではないが、世界の大都市は、世界のごみや公害の大部分を生み出している。より具体的には、大都市圏地域を合わせると、グローバルな気候変動の主因であるCO_2の世界排出量の三分の二以上を産出している。大規模な官僚制や煩雑な政治過程が邪魔をして、各国政府は実際的な政策変更や行政的活動に対応するのが遅くなるという特徴がある。近年のグローバリゼーションに伴う国家権力の低下傾向により、自治体や地域の機関が、CO_2の総排出レベルの削減において主導的な役割を担うようになった。

世界の大都市を代表している指導者や行政官は、この目標を達成するため、「国境を越えた自治体ネットワーク（TMNs）」として知られる組織を通して連携してきた。国際的な組織や民間企業とパートナーを組んだサブ・ナショナルな政府で構成され、世界主要大都市協会のような政治的に強力なＴＭＮｓおよび国連環境・開発会議（ＵＮＣＥＤ）のような国際的な開発組織は、主要な都市エリアが直面する気候変動や関連する問題に対処する国家間の取り組みを結集することに大いに成功している。一九九二年に三つの都市だけで組織されたＵＮＣＥＤは、二〇年弱の間に、一〇〇を超えるメンバーにまでに拡大した。ロンドン市長であったケン・リビングストンは、自身の都市がこの緊急の問題を先導すべきであるという熱意から、後にＣ４０として知られるようになった主要大都市のコンソーシアムを設立した。今日、気候変動問題を議論する最も影響力のある自治体から成るネットワークの一つであるＣ４０は、伝統的に硬直的で形式的な国家中心の官僚制を回避するため、多数の市場および計画的な手法を用いている。規模や範囲がさまざまな七〇近くの都市から成る組織に成長して、Ｃ４０は、二〇一一年に世界銀行と効果的に連携して「温室効果ガス排出を測定する一般基準」を定めた。これらの基準が世界銀行の気候変動基金により採用され、資金調達と投資の意思決定をより適切化することに貢献したとＣ４０は主張した。

グローバルな気候変動の原因を撲滅する国際的なネットワークを活用するのは都市の指導者だけではない。例えば、米国の州や地域の指導者も、自ら独自に統治ネットワークを立ち上げた。米国の西部地域のCO_2のレベルを削減するため、アリゾナ州知事のジャネット・ナポリターノは、「連邦政府が効果的な活動を起こさない中で、気候変動に挑み、国内の温室効果ガス排出量を削減するために行動を起こすのは州の責任である」と時宜に適った実質的な政策を進めることを決意した。西部諸州は「気候変動の影響により特にひどい打撃を受けている」と警告し、アリゾナ州の代表はカリフォルニア、オレゴン、ニューメキシコ、ワシントンなどの他の五つの地域の州知事に加わり、温室効果ガス排出に関して厳格な制限を地域に課した。また、より工業化が進んだ州もその発展に応じて相応に扱われることを保障するために、企業集団がこれらの地域的制限の中で保有するCO_2の排出権を売買することを加盟地域に認める地域的な「キャップ・アンド・トレイド」の枠組みを採用した。二〇〇九年、カリフォルニア州知事のアーノルド・シュワルツネッカーは、持続発展可能なエネルギー生産および利用を促進するための協力的なイニシアチブ（政策）を発展させるため、国連開発計画（UNDP）や国連環境計画（UNEP）と連携して世界気候変動サミットを主催した。会議には、三〇人以上の州知事、そして、世界中の七〇以上の州や県を代表する地方の公職者、ビジネス指導者、政策専門家などが出席した。

同様に発展途上国では、国際的なネットワークが国境を越えた水管理において重要な担い手になっている。重要な水資源の過剰利用や過度の汚染は、アジア、アフリカ、ラテン・アメリカの一部において、公衆衛生や持続性の危機を引き起こしている。二〇〇三年に発表された最初の水開発報告書の中で、国連は「水の危機は本質的に統治の危機であり、社会は水をより効果的に管理する方法についていくつかの社会・経済・政治的な課題に直面している」と発表した。関連して、持続可能な発展に関する世界サミットは、重要な水資源の規制、維持、配分に関連する行政機能を実行するためには、官民セクターの連携を発展させることが重要であると強調した。

これまでの二〇年以上にわたって、インド政府は、国内の水管理を改善する大胆な民営化政策に取り組んできた。その取り組みの一環として、インドの連邦政府および州政府は、国際的な金融機関（世界銀行およびアジア開発銀行など）、民間企業、非政府組織と連携してきた。国内の老朽化した水設備を近代化する壮大な取り組みの一環として、国の都市開発省は新しい資本を集めるプロジェクトにおいて海外直接投資（ＦＤＩ）基金に対する保護主義的な障壁を除去し、外国製の飲用の水施設・設備に対する輸入規制を撤廃した。関連して、インド産業連盟（ＣＩＩ）およびインド水ビジネス同盟（ＩＢＡＷ）は、ビジネス部門の参加と関与を拡大するため、国連開発計画や米国国際開発機関（ＵＳＡＩＤ）のような国際機関と共同して取り組んできた。インド中央政府は、飲み水の監視や給水に関連する多くの必要な技術および行政上の専門知識を提供するため、ジュネーブ、ストックホルム、ワシントンなどのインド国外で活動する国際的な専門的コンサルタントと共に協力してきた。

情報技術が行政過程の新しい形をどのように形成してきたかについて簡単に説明して、ネットワークガバナンスに関する私たちの議論をまとめてみよう。世界中の政府は、NPS（ニュー・パブリック・サービス）により強調された民主的な価値観に沿って市民-政府関係を強化すると共に、NPMの原則に一致した行政の効率化を図り、新しい情報通信技術（ICTs）を導入してきた。特に、「e-ガバナンス」として知られる現象は、私たちが認識しているように行政を再構築する。一般的な用法において、「e-ガバナンス」の語は、公共部門の統治に関係する情報技術のさまざまな活用のことを指す。関連して、マネジメントの専門家であるグラントとチョーは、e-ガバナンスの中核的目的について、「①高度な質および切れ目のない統合された公共サービスを開発・提供すること、②効果的な構成員との関係の管理を可能にすること、③地方、州、国家、国際社会のレベルで市民、ビジネス、市民社会の経済的および社会的な開発目標を支援することである」としている。

スウェーデン政府は、産業の競争力は公的に維持された情報源への継続的かつ制限のないアクセスを創出することに依存していると認識して、二〇〇〇年に、「すべての人のための情報社会」を約束する歴史的な法律を可決した。組織間での行政的分断を解消する取り組みの一環として、スウェーデン公共管理庁は、伝統的で階統制型の公共機関を、いわゆる「e－ネットワーク的」なオープンな機関に変更する包括的なＩＣＴプログラムを採用した。今日、先進国の中央政府や地方政府は、スウェーデンの先駆的な取り組みを参考にして、e－ガバナンスのインフラに多額の投資を行って、公的情報へのオープンアクセスを促進し、民主的な監視や説明責任に努めている。結果として、国民は固定資産税の記録や歴史地図、公聴会の議事録、公務員の給与のような公的記録および公式の政府文書へほぼ無制限にアクセスできる。

しかしながら、多くの公的文書に含まれる国民の個人的データを管理・保護することは、政府のすべてのレベルで活動する行政官にとって困難な課題であることが判明している。別々の公的な情報源を統合することおよび、それらを広く利用できるようにすることは、個人のプライバシーに重大な脅威をもたらす可能性がある。多くの国々では、行政官が特定の種類の機密情報をどのように扱い、伝達し、共有し、蓄積し、アクセスするかを管理する厳格な法律を制定することによって、この脅威に対応してきた。同時に、上記のように、多くの具体的な事例において、公務員と国民は共に公共部門組織により管理される膨大な情報体系やデータベースへアクセスすることが不可欠である。結果として、これらのシステムは、インターネットのハッカーや犯罪ネットワークが引き起こす攻撃に特にさらされやすい。実際、膨大な額の税金や数えられないほどの人手と時間が、これらの脅威を減らすためのセキュリティシステムや、職員のデータ管理訓練に費やされている。中央政府や地方政府は、公共機関のデータシステムに対する犯罪的攻撃によって、毎年数億ドルの損害を被っている。

さまざまな形態や装いで、統治ネットワークは行政において主要な役割を果たしてきた。ウェストファリアにおいて確立された「近代国家」の概念および行政サービスを提供する伝統的な手段や方法は再定義されつつある。その代わりに官民の「協力的な」関係の新しい形態が見られるようになってきた。新しい種類の思慮深い公務員は、常に変化するグローバルな環境の中で組織を率いるためには、新しい技術を訓練しなければならない。これまで見てきたように、統治ネットワークは民主主義社会においていくつかの重要な機能を果たすことができる。例えば、イノベーションは、政府の公式の機関の外で活動する機関や個人が参加することで知識や専門的技術が補完され、促進されることが多い。さらに、流動的かつ柔軟な組織構造であるため、ネットワークは問題が起きるとすぐに適応し、迅速に問題に対処できる。しかしながら、同時に、高度に複雑かつ分権的な構造を持つため、組織の目標や目的が不明瞭で複雑になる可能性もある。さらに、政府により公的に提供される公共財やサービスへの公式の監督は、行政過程が民間部門もしくは準公的な機関のいずれかに移った場合にはもはや保証できなくなる。政府が政策および行政過程の舵を取りをもはや行わなくなることで、公的な説明責任や対応は簡単に犠牲にされる。

第8章　行政の未来

これまで見てきたように、行政の研究分野と実践はどちらも非常にダイナミックである。それゆえ、その未来を予想することは不可能である。廃棄物の管理から公教育に及ぶ必須の公共サービスがすぐになくなることはないであろうが、一方で、行政機能の実行方法や評価方法はかなり変化しそうである。これまで行政史に関する短い旅で見てきたように、世界レベルで展開される劇的な変化は行政においても大胆な変化をもたらすことになる。グローバリゼーションの強力な影響から国内の政治・経済・社会的事柄を保護することはできないので、公務員は非常に不安定で気まぐれな環境の中で公務員としての機能や任務を遂行することを余儀なくされている。新しい世界的な金融投資を呼び込むために、現代の政府は公的予算を削減するためすさまじい「競争」に従事している。増大する「不確実性」により特徴づけられるグローバル化した世界において、財政緊縮政策は、政府のすべてのレベルで行政に圧力をかけている。行政担当者は、二一世紀に統治することの意味について、根本的に異なる方法で考えなければならない。

二〇〇八年に表面化した世界的金融危機を受けて、プライスウォーターハウスクーパースにより設立された公共部門研究センター（ＰＳＲＣ）は、「公共サービス提供の未来の道」と題した報告書を発表した。同報告書では、政府機関が長期間にわたって成功するために発展させなければならない特に中核的な能力について概説している。「『必須』の能力」として「官民のパートナーシップや、共同ベンチャー、共同創作、共同設計」などを強調するとともに、同報告書はまた、公的組織が益々「機敏に相互に連携し、透明性が高く」なるべきであると強調した。報告書は公共部門の指導者にこの過程において不可欠な「変革の担い手（エージェント）」になるように呼びかけた。伝統的な業務中心の管理よりも体系志向のリーダーシップを重視し、政府機関の新しいビジョンを明瞭に表現するように公共部門の指導者に促した。ニュー・パブリック・サービスにより展開された目標とも一貫して一致して、ＰＳＲＣの報告書は、公共部門の優先的課題として市民志向のサービスを強調した。それゆえ、政府の取り組みの焦点は、内外両方の利害関係者を「活性化する」ことにとりわけ向けられるべきである。政府機関は同様に、市民が抱える問題を認識し、市民と連携して革新的な解決法を工夫することを行政担当者に奨励する必要がある。

今日の行政官は、厳しい要求を持つ市民の増大する期待に応えるという課題に直面している。英国の市場調査会社であるＩｐｏｓ ＭＯＲＩは、一〇か国において五〇〇〇人の市民を対象に、「公共サービスの満足度」に関する調査を実施した。その調査は、米国市民の四一％が政府による公共サービスの管理方法に「不満足」であることを明らかにした。興味深いことに、これは、オーストラリア、ブラジル、カナダ、フランス、ドイツ、インド、イタリア、シンガポール、英国のような国々と明らかに異なっていた。これらの国々では、「満足」とした回答者の平均値が六五％近くだった。政府が最も重視すべきことは何だと思うかと質問すると、米国の回答者の大多数が「より費用対効果の高い方法でサービスを提供する」ことを政府に望んでいると回答した。興味深いことに、五〇～六四歳の米国市民が政府の提供するサービスの費用と質に「最も高い不満を感じている」と回答した一方で、三五歳未満の市民は米国政府が「次の五年間に市民の需要と期待」に応えることができると楽観的だった。さらに、同調査は、市民が一般的に今日の「ハイタッチ」社会（訳者注：心の触れ合い、共感が重視される社会）での公共サービスの運営方法について大幅に改善されると期待していることを明らかにした。より個別化されたサービスを求めることと並んで、公共部門の統治における「透明性」や「説明責任」の向上を求める市民の要望も益々厳しくなっている。

次の一〇年

第七章で見たように、新しい形態のe-ガバナンスを通して、一般市民が二四時間いつでも利用可能な政府のサービスや情報へのアクセスが益々増大している。実際、インターネットを利用したサービスの爆発的増加は、多様な公共機関に市民と直接対話する新しい方法を提供してきた。しかしながら、同時に、政策および行政過程への増加するアクセスは、諸刃の剣となり得る。アクセスが増えるにつれ、政策および行政過程の監視も強化される。例えば、批評家たちは、不満を持つ個人の声にいったん政治の扉が開かれると、感情的な世論が冷静な政策論争や議論に取って代わるとだろうと非難している。

「よりスリムで強力」な政府を創設するという名目の下、米国などの国々の中道右派の政治運動が、公共部門への政治的攻撃をしかけてきた。しかしながら、これまで見てきたように、多くの国々では、公務部門の役割の変化に関連する問題は他の国におけるように敵対的では

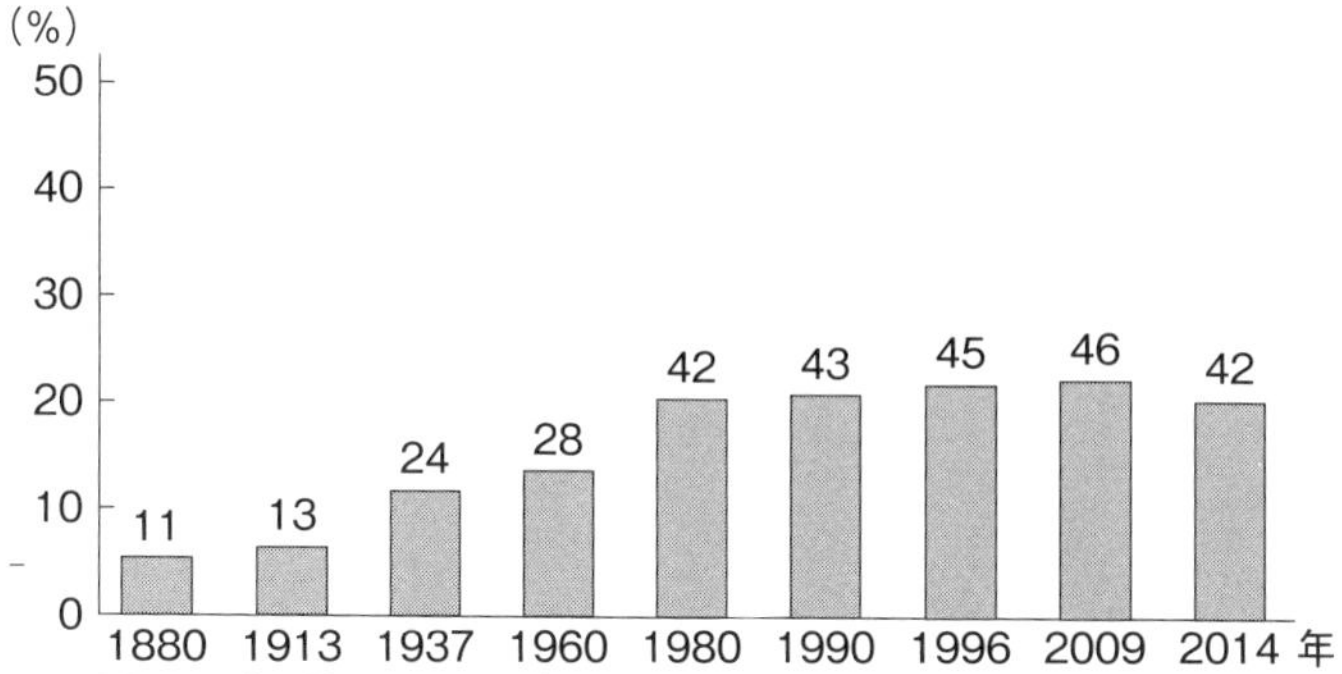

図 1　高所得国および OECD 諸国における政府支出の GDP に占める割合、1880 年～2014 年

出典：データの出典は以下のとおり。Tanzi: Ludger Schuknecht, *Public Spending in the 20th Century: A Global Perspective* (Cambridge University Press, 2008); and Vito Tanzi, *The Economic Role of the State in the 21st Century*. Originally published in *Cato Journal*, 25(3) (Fall 2005), pp. 619 © The Cato Institute.（転載許可済み）. OECD, ‘Social expenditure update: Social spending is falling in some countries, but in many others it remains at historically high levels’, p. 1. <www.oecd.org/social/expenditure.htm>. 2014 Index of Economic Freedom ‘Explore the Data’ (The Heritage Foundation, 2014).

なく、あるいは少なくとも党派的ではない傾向がある。「大きな政府」に対する情け容赦のない言葉による攻撃にもかかわらず、公共部門の役割は大幅に縮小してはいない。実際、最近のデータが確認できるように、公共部門の支出は着実な増加を続けている。例えば、米国において、公的支出は現在GDPの四二%を占めている。一九六〇年にはわずか二八%だった。

世界金融危機直後の二〇〇九〜二〇一四年の時期にはわずかな減少が見られたが、全体的な傾向としては、公共部門の支出が増大し続けていることが示されている。また、注目に値することに、政府の歳入（国内総生産に占める割合）は減少してきた。その結果、政府機関やそこで働く行政官にこれまでにない制約を与えている。移民やグローバルな気候変動、外来疾病の発生などの関連する問題が将来的に益々複雑さを増すので、行政官にかかる負担は増える一方であろう（公的支出の増加に関する歴史的な全体像については、図1を参照）。

世界の人口は現在、七〇億以上と推定され、増加を続けている。いくつかの研究は、一〇年以内に八〇億人に達すると予想している。平均寿命の延伸、家族構成の変化、失業率の上昇により、米国の政策立案者は新しい公共サービスおよび福祉支援を追加せざるを得なくなった。いわゆるベビーブーム世代が次々と退職年齢に至るにつれ、公的年金および医療保険制度にこれまでにない圧力がかかっている。現在、米国民の一五％近くが六五歳以上である。この数は、一〇年以内に一八％以上に増えると予想されている。これは、国民の五人に一人が公的退職給付金の受給資格を持つということである。現在、米国の高齢者の九〇％以上がメディケアの給付を受けている。これには年間に五〇〇〇億ドル以上の税金が投入されている。ＰＳＲＣの報告書によれば、二〇一五年までに、国内の増大する高齢者人口に対する公共サービスの財源として必要な連邦・州・地方を合わせた経費は、年間九四〇〇億ドル（GDPの四・四％）に達すると推定されている。

二〇一五年のヨーロッパにおける金融危機は、ギリシャ、スペイン、ポルトガルなどのヨーロッパ大陸南部の経済に長期にわたって埋め込まれてきた深い構造的な脆弱性を露呈させた。慢性的な若者の失業に伴う問題に直面していることに加えて、これらの国々の政府は増加する退職者に対する公共サービスを拡大することを余儀なくされている。実際、世界の先進工業国では、人口に占める高齢者の割合は劇的に増加している。

残念なことに、危機が起きる前にそれを回避する（そして一旦危機が起きた場合に対処する）最善の方法について、政策立案者や行政官の間でなされる戦略的な論争や議論のほとんどは、「政府対市場」といった相互に排他的でイデオロギー的な用語で行われる傾向がある。これらの間違った二項対立は、政策立案者や行政官に問題を認識するための有益なレンズを提供できていない。結果として、その二項対立は、彼らが実用的な解決策を考案することをしばしば妨げてしまう。公務員や行政官は、十分に機能する市場を支えるために必要な政府主導の規制制度や政策を十分に策定することに注力すべきである。

いずれの国においても公共部門の健全性と活力は民間経済の状況と密接に結びついている。

「（一九三〇年代の）大恐慌以降の最大の景気後退」と言われた二〇〇八年の破滅的な世界金融危機は、先行き不透明な長期的影響をもたらすだろう。公共事業や公共サービスの支出のために将来から借り入れをするような現在の米国の慣行は、長期的に持続可能ではない。同時に、必要不可欠な公共サービスや公共事業を骨抜きにすることは、多くのヨーロッパ諸国のように、悲惨な結果を招きかねない。年金や公的医療サービス、公教育、社会保険を通して提供される社会的セーフティーネットについて縮小できるのは、ヨーロッパ全体の民主的政府の正統性を揺るがすことのない範囲に限定される。

将来、国民国家やその行政システムが新しい課題に直面することは疑いようがない。これらの課題によって公務員は耐え難い立場に追い込まれると論じる人もいる。しかしながら、それらの問題は行政官にとって有意義で前向きな変化を生み出す歴史的機会を提供するという主張もある。過去においては、行政改革は各国独自の社会構造、制度構成、歴史的伝統に沿って形成されるという特徴があった。しかしながら、近年、私たちは伝統的な行政上の規範や慣行に異議を唱える、急速な世界的、経済的、社会的変化を目撃してきた。それゆえ、公的管理やリーダーシップの最も重要な焦点は、グローバル時代に私たちの文明が直面する巨大な課題に対処するために必要で「適切な」技能を持った「適切な」人材を採用することである。

訳者あとがき

1　はじめに

ここでは、Stella Z. Theodoulou と Ravi K. Roy により書かれた本書 *Public Administration* の持つ特徴を整理し、また、欧米で出版された行政学の教科書と比較して、どのような特徴やちがいがあるのかを整理する。さらに、日本における行政学の教科書との比較から見える本書の特徴やちがいについても整理するつもりである。

まず、本書はオックスフォード大学出版局の *A Very Short Introduction* シリーズの一冊として出版された。それゆえに、著者らが序文でも述べているように、制約された紙幅の中で論議を展開しなければならないため、対象とするテーマの選定が重要であり、著者らは非常に注意深くテーマを選択することを余儀なくされたということである。

ただし、今日の行政は複雑化し、その行政に日々向き合う行政官たちは多様なジレンマに直面している。つまり、本書は、それらの課題に対する何らかの回答や示唆を提供することをねらっている。つまり、いわゆる行政に関する概説以上のものを提供しようとしたと言える。そこで、著者らが採った戦略は、行政学が発展してきた歴史的背景に著述の力点を置くというものであった。つまり、各時代のどのような社会経済的な課題に応えるために、各時代の行政理論が登場したのかを歴史的に著述した。

本書の内容の詳しい紹介は、次節以降で扱うことにして、ここでは二人の著者の略歴について触れることにする。Stella Z. Theodoulou は、アメリカのカリフォルニア大学ノースリッジ校社会学部（College of Social & Behavioral Sciences）の政治学の教授である。彼女には、これまでに *Public Policy: The Essential Reading*, 2nd edn（Pearson, 2012）や *The Art of Game: Understanding American Public Policy Making*（Wadsworth, 2003）などの公共政策に関する著作がある。また、Ravi K. Roy は、南ユタ大学政治学部の公共政策学の准教授であり、The W. Edwards Deming 研究所でフェローを務めている。また、彼は本書と同じオックスフォード大学出版局の A Very Short Introduction シリーズから *Neoliberalism*, 2nd edn（2021）も出版している。

2 本書の概要と特徴

(1) 本書の概要

本書は、序文と八つの章で構成されている。第一章の現代行政の全体像では、「行政学を学んで何の役に立つのか」という進学フェアでのやり取りから話が始まり、政治的（政党間）対立が行政の停滞を招いた事例（二〇一三年の米連邦政府閉鎖）や、政府体系の連絡不十分（カトリーナ台風の際）が惨事を招いた事例などが紹介され、現代行政の抱えるジレンマ、課題などが示されている。

第二章のウェストファリアからフィラデルフィアへの旅では、英国のピューリタン革命を通じて、君主（行政）と議会（市民）の関係が問題になり、ホッブズ、ロックなどが論じ、また、米国の建国初期には、ハミルトン、ジェファーソン、マディソンなどが、集権的政府と分権的政府の是非について論じたことなどが紹介されている。

第三章の世界における進歩主義改革では、米国（猟官制とW・ウィルソン、ペンドルトン法の制定、F・W・テイラーの影響)、英国(救貧行政の歴史、ノースコート・トレベリアン報告)、フランス(ボナンの行政学、フェイヨールの管理論)、ドイツ(シュタイン行政学、ウェーバーの官僚制論)などで行政理論や改革の動きなどがあったことが紹介されている。

第四章の近代福祉国家の登場では、西ドイツやスウェーデンにおける社会保障制度の発展、米国(ニューディールからPOSDCORBを経て、ケネディ、ジョンソンの福祉施策)や英国(ベヴァリッジ報告と戦後)の福祉国家の発展の状況が紹介されている。

第五章のニュー・パブリック・マネジメントが世界を駆けるでは、NPMを第一波(レーガノミクス、ニスカネン、サッチャリズム、オーストラリア)と第二波(クリントン、ブレア、ゲーブラー&オズボーン)に分けて紹介している。

第六章の新しい行政の時代では、前半でデミングのマネジメント論、機関間の連絡不足の事例(ロスアンゼルスの児童福祉行政での惨事)、コミュニケーション力を鍛える大学院研修プログラムなどについて紹介し、後半で民主的な説明責任や市民参画を重視するニュー・パブリック・サービスについて紹介している。

第七章のグローバリゼーションとネットワークガバナンスの登場では、環境問題に取り組むネットワークガバナンスや、州や都市の代表者がつくる環境問題のための取り組み(ネットワーク)の状況が紹介されている。

第八章の行政の未来では、いくつかの調査報告書が示唆するこれからの政府（公的指導者、管理者）の姿として、市民と連携しながら、革新的な解決策を模索する姿が挙げられ、公共管理やリーダーシップの最重要点として、グローバル時代の変化に適用するのに必要な「正しい」技能を持った「正しい」人材を雇用する点が挙げられている。

（２）本書の特徴

このように本書の内容をふり返ると、本書では「行政とは何か」「行政学は社会の役にたつのか（学ぶことに意味があるのか）」という問いを立て、変化の激しいこれからの時代の行政や行政学には何が求められるのかについて探求することが本書の問題意識と言える。

また、英米の市民革命や建国の歴史の中で、立法と行政の分離、大きな政府vs小さな政府などの行政概念が形成され、政治行政二分論や行政管理論、福祉国家などの理論・概念が形成されたことを歴史的・比較論的に概説（内容を取捨選択）している。

さらに、ＮＰＭやニュー・パブリック・サービス、ネットワークガバナンスの理論や実践もふまえて、今後の行政や行政学に必要なことは、グローバル時代の変化に適応できる「正しい」技能を持った「正しい」人材を教育し雇用することであるとの結論を示している。

そこで、本書の特徴を三点に整理することにする。第一は、本あとがきの「はじめに」でも記したように、本書が行政学の発展の歴史に力点を置いて著述していることである。本書の中核を占める第二章から第六章では、米国の建国当時の話から、NPMとそれを軌道修正したニュー・パブリック・サービスに至る動きが比較的詳しく記述されている。

第二は、第一の内容とも関連するが、それらの行政学の発展の歴史について著述する際に、米国や英国についてだけでなく、フランスやドイツ、スウェーデン、オーストラリアなどの状況が紹介されている。つまり、本書は比較行政論的な視点を持って記述されている。

第三は、わが国の行政学の教科書では見られる官房学の歴史や、アメリカ行政学史を彩る著名な研究者の名前（例えば、L・D・ホワイト、ウィロビー、アップルビー）などが見られない。官房学に関する記述は見当たらないが、シュタイン行政学については紹介されている。また、ウィルソン、グッドナウ、F・W・テイラー、ギューリック、ワルドー、サイモンなどの名前は登場するが、本書では、予算や政策実施などの各論的な内容を含まないため、リンドブロム（漸増主義）やウィルダフスキー（予算編成）、プレスマン（政策実施）、リプスキー（ストリート・レベルの官僚制）などの名前は見当たらない。さらには、NPMとの関係で、ニスカネンは登場するが、ダンレビーやクリストファー・フッド、ガイ・ピータース（第三章でのみ登場する）などの名前も見られない。これらの名前がないから本書の内容が不十分だと言っている訳ではなく、繰り返しになるが、本書は制約された紙幅の中で、著述の流れに沿って紹介する行政学者や著作を厳しく選定している。

3　欧米の行政学の教科書と比較して

次に欧米で出版されている行政学の教科書と比較して、本書がどのように位置づけられ、その特徴をどのように示すことができるのかという視点で整理してみたい。

本書巻末の参考図書欄でも有力な行政学の著作が何冊か挙げられている。例えば、Jay M. Shafritz and Albert C. Hyde, *Classics of Public Administration*, 7th edn（Wadsworth, 2011）や、J. Steven Ott and Edward W. Russell, *Introduction to Public Administration: A Book of Reading*（Longman, 2001）などは、「リーディングス」と呼ばれる行政学における必読書のエッセンスなどを紹介するタイプの本である。ただし、前者の *Classics of Public Administration* が、年代順（主として、一九世紀末から二一世紀にかけて）の構成であるのに対して、後者の *Introduction to Public Administration* では、項目別（意思決定、組織理論、業績管理、戦

略的計画、予算、人事管理、評価、政府間関係など）の構成を採用している点が異なる。

次に、Google Scholar というサイトで Public Administration Textbooks の語で検索し、引用数の多い本を挙げてみる。Janet Denhardt and Robert Denhardt, *Public Administration: An Action Orientation*, 6th edn (Wadsworth Publishing, 2008）や Jay M. Shafritz [et al.], *Introducing Public Administration*, 9th edn（Routledge, 2017）、Davis H. Rosenbloom, Robert S. Kravchuk and Richard M. Clerkin, *Public Administration: Understanding Management, Politics, and Law in the Public Sector*, 9th edn（Routledge, 2022）、Donald F. Kettl, *Politics of the Administrative Process*, 9th edn (Sage, 2024）などの教科書が挙げられる。最後に挙げた Kettl の本は、政府や行政とは何か、組織理論の概説や執政部の機能や特徴、公務員、意思決定、予算、実施などの行政の基本的なしくみや機能について概説する構成となっている。Rosenbloom 等の本も、組織、人事、予算、意思決定、政策分析、実施評価、規制などのオーソドックスな項目が並んでいる。また、二人の Denhardt の本は、引用数も多い今日の最も標準的な行政学教科書の一冊である。構成を見ると、行政組織や政治と行政との関係（政治の行政への影響）、予算や財務管理、計画・実施・評価、政府間関係などの行政組織や管理に関する基本的な項目も含まれているが、人的資源管理や公務員倫理、管理職の技能、対人コミュニケーションなどの人事管理に関する内容が詳しい。Shafritz の *Introducing Public Administration* でも、特権・倫理・説明責任、情報テクノロジーと管理、リーダーシップ、社会的公平などの現代社会を反映した人事管理に関する章が目立っている。

その他にも、Nicholas Henry, *Public Administration and Public Affairs*, 12th edn (Routledge, 2016) や H. George Frederickson, Kevin B. Smith, Christopher Larimer, Michael J. Licari, *The Public Administration Theory Primer*, 3rd edn (Routledge, 2016) など、引用数の多い定評ある教科書もあるが、紙幅の関係からここでは詳しく触れない。

本書は、上記のように歴史順に記述されているが、コンパクトな本なので引用は少ない。ただし、特に重要な理論や論争、事項、出来事（エピソード）などについてはＢｏｘの中で説明されている。ウェーバーの近代官僚制の特徴や、ワルドー vs サイモン論争、オズボーンとゲーブラーによるＮＰＭの一〇の原理などについてもＢｏｘの中で説明されている。

また、本書の中で特に興味深いのは第六章の記述である。同章の前半部分では、Ｗ・エドワード・デミングの議論に即して、新しい時代における行政管理者には、ＮＰＭ的な効率性を重視するだけではなく、他機関との信頼と協力による相互依存的なリーダーシップも求められるとしている。一方、後半部分では、行政運営への市民参加を重視するニュー・パブリック・サービスの考え方を詳しく紹介している。

つまり本書は、制約された頁数の中で、特に重要な行政学の理論や論争を取り上げると共に、近年の行政学教科書が注目し記述に章を割いているような現代社会における公務員のあるべき姿（倫理やスキル）の両方への目配りが行き届いた本と言える。その意味では、本書はコンパクトながらも、上記の行政学教科書の二つのタイプ（リーディングスと標準的な記述）の特徴を併せ持っているとも言える。

4　わが国の行政学教科書と比較して

わが国でもこれまでに多数の行政学の教科書が出版されてきたが、その中で代表的なものとして、西尾勝『行政学〔新版〕』有斐閣、二〇〇一年、真渕勝『行政学〔新版〕』有斐閣、二〇二〇年、曽我謙悟『行政学〔新版〕』有斐閣、二〇二二年の三冊を取り上げる。

西尾の『行政学』では、行政の対象範囲が示され、また、行政学の発展の歴史が概説された後に、官僚制論（およびそれへの批判）、政策過程、予算、行政統制・行政責任などについて述べられている。真渕の『行政学』では、日本の官僚制（中央省庁や国家公務員制度、官民関係、予算・決算など）、日本の地方自治（大都市行政や広域行政にも言及）、行政の理論という三つのパートで構成されている。曽我の『行政学』では、政治と行政、行政組織、マルチレベルの行政、ガバナンスと行政という四つのパートで構成され、さらに各パートが基本概念、日本の実態、国際比較および時系列比較などの章で構成されている。

これらのわが国の行政学教科書の構成を、前節で紹介した欧米の教科書と比較すると次の二点の特徴がある。一つは、わが国の教科書では、欧米の教科書にはない官僚制の理論（概念、特徴、それへの批判の論議）に関する章が設けられていることであり、もう一つは、わが国の教科書では、欧米の教科書と比較して地方自治に関する記述が詳しいことである。第一の特徴である官僚制理論に関する章がわが国教科書に設けられている背景には、わが国の行政学が、戦前や戦後の統治構造において官僚の果たす役割や影響力をめぐる論議を展開してきたことに原因があると思われる。第二の特徴である地方自治に関する記述が詳しいのは、長年中央省庁による集権的な地方統制が行われてきたことや、一九九〇年代中頃以降、分権改革が展開されてきた影響と思われる。

こうしたわが国と欧米の教科書の外形的なちがいを超えて、両者の間には対象とする読者像や目的のちがいがあるのではないかと思う。わが国の教科書は、国家公務員試験や地方公務員試験における行政学の専門試験を受験する学部の学生を対象に、試験に必要な知識を提供することが目的と言える。一方、欧米の教科書は、将来、国や地方自治体などでマネジメントの職に就くために必要な知識や技能を学んでいる行政大学院での学生を対象に、将来、必要となるマネジメントの知識や技能、公的管理者のあるべき姿などを提供することが目的である。

このようにわが国と欧米の行政学教科書の各特徴を整理した上で本書をこれらの中に位置づけてみたい。本書は内容的にも難しくなく学部生や一般読者でも十分に理解できる内容である。そもそもオックスフォード大学出版局の *A Very Short Introduction* シリーズ自体が専門家ではなく一般読者を想定して編まれている。また上記のように、ウェーバーの官僚制論などの基礎的な事項も説明されている。その意味では、内容的には両者（わが国および欧米の教科書）の内容を併せ持ち、難易度的には易しい部類の本と言える。

5　おわりに

このコンパクトな本は教科書と言うよりも、むしろ文庫や新書のような入門書ではないかという意見もあるかもしれない。上記のように難易度的に難しくなく、一般読者にも読みやすいように分かりやすく書かれている本書には、分量的にも内容的にもそのような見方ができるかもしれない。

しかしながら、訳者は、本書が行政学を初めて学ぶ人が最初に読むべき最良の教科書であると考えている。「最良の」と付けたのは、本書が行政に関する基本的な事柄を述べているだけでなく、行政学が発展してきた歴史的背景の著述に力を入れているからである。初めて行政を学ぶ人にとっては、なぜ各時代の行政理論(NPM、ニュー・パブリック・サービスなど)が登場したのかについて、歴史的・社会的な背景から説明されることにより行政理論の意味が分かりやすく理解できると思われる。

社会の進歩や発展と共に、行政官たちは複雑化する困難で新しい行政課題に日々直面している。それらのすべての課題に対応した教科書というものは恐らくないだろう。ただし、これまでの社会的要請に応じて各行政理論が登場した歩みを振り返ることにより、新たな行政課題に対する何らかの示唆が得られるのではないかと思う。その意味で、本書は行政学の初学者にとっての教科書であると共に、行政官(実務家)にとっての参考書でもあり、また、一般読者が行政の世界(その特徴や働き)を理解するための入門書でもある。

蛇足になるが、本書を訳しながら、行政学は「サイエンス」か「アート」か、効率性と民主性という行政にとっての二つの価値、日米の行政学のちがいなど、古くからある論点が何度も頭に浮かんだ。これらの論点と並んで、昔から訳者を悩ましてきたのは、行政学の教育面と研究面の関係についてである。本書の翻訳を通して、行政学の教育とは、時代や社会の変化、新たな需要に対応できる技能を持った人材の育成であり、一方、行政学の研究とは、具体的な行政（社会）課題を解決するために、制度（ルール）や管理のあり方を探求することではないかと考えるようになった。そして、研究から得られた制度や管理のあり方を、教育（将来の公務員の人材育成）に活かすことにより、行政学の研究と教育の両面は架橋されるということに気付いたのが訳者にとってはこの翻訳に関わった最も大きな成果である。

二〇二四年九月

訳者・石見　豊

民主労働党

SoPK　System of Profound Knowledge　深遠なる知識のシステム

TQM　total quality management　総合的品質管理

UKIP　UK Independence Party　英国独立党

UNCED　United Nations Conference on Environment and Development　国連環境・開発会議

UNDP　United Nations Development Programme　国連開発計画

UNEP　United Nations Environment Programme　国連環境計画

USAID　United States Agency for International Development　米国国際開発機関

に関する一派な協定

GBE　Government Business Enterprises　政府系企業

GDP　Gross Domestic Product　国内総生産

GRH　Gramm-Rudman-Hollings Initiative　グラム・ラドマン・ホリングス・イニシアティブ

IBAW　Indian Business Alliance on Water　インド水ビジネス同盟

ICTs　information and communication technologies　新しい情報通信技術

IMF　International Monetary Fund　国際通貨基金

INTERPOL　International Criminal Policy Agency　国際警察刑事機構

LNPCG　Liberal-National Party Coalition Government　自由党と国民党の連立政府

MPA　Master of Public Administration　行政学修士

MTFS　Medium Term Financial Strategy　中期財政戦略

NAFTA　North American Free Trade Agreement　北米自由貿易協定

NGOs　non-governmental organizations　非政府組織

NHS　National Health Service (UK)　英国の国民保健サービス

NPA　New Public Administration　新しい行政学（ニュー・パブリック・アドミニストレーション）

NPM　New Public Management　新公共管理

NPS　New Public Service　ニュー・パブリック・サービス

NSA　National Security Agency　米国国家安全保障局

OECD　Organisation for Economic Co-operation and Development　経済協力開発機構

OPEC　Organization of Petroleum Exporting Countries　石油輸出国機構

PSRC　Public Sector Research Centre　公共部門研究センター

SAP　Swedish Social Democratic Labour Party　スウェーデン社会

略語一覧

ACA　Affordable Care Act　アフォーダブル・ケア法
AfD　Alternative for Germany　ドイツのための選択肢
ALPG　Australian Labour Party Governments　オーストラリア労働党政府
APS　Australian Public Service　オーストラリアの公務員
AT&T　American Telephone and Telegraph　エーティーアンドティー
C40　C40 Cities Climate Leadership Group　C40都市気候リーダーシップグループ
CIA　Central Intelligence Agency　米国中央情報局
CII　Confederation of Indian Industry　インド産業連盟
CNN　Cable News Network　CNN
DCFS　Department of Family and Children Services　家族・児童サービス部
DLC　Democratic Leadership Council　米国民主党指導者会議
EPA　Environmental Protection Agency　環境保護庁
EU　European Union　欧州連合
FBI　Federal Bureau of Investigation　米国連邦捜査局
FDI　Foreign Direct Investment　海外直接投資
FDR　Franklin D. Roosevelt　フランクリン・D・ルーズベルト
FEMA　Federal Emergency Management Agency　連邦緊急事態管理庁
FMIP　Financial Management Improvement Programme　財政管理改善プログラム
GATT　General Agreement on Tariffs and Trade　関税および貿易

Information Technology and Institutional Change (Brookings Institution Press, 2001).

Box 11 の出典は、Robert Agranoff, *Managing Networks: Adding Value to Public Organizations* (Georgetown University Press, 2007).

第8章　行政の未来

行政に関する前向きな見通しには次の文献がある。Carolyn Ban and Norma M. Riccucci (eds), *Public Personnel Management: Current Concerns, Future Challenges*, 2nd edn (Longman, 1997); Mary E. Guy and Marilyn M. Rubin (eds), *Public Administration Evolving: From Foundations to the Future* (Routledge, 2015); Rosemary O'Leary, David Van Slyke, and Soonhee Kim (eds), *The Future of Public Administration Around the World: The Minnowbrook Perspective* (Georgetown University Press, 2011); B. Guy Peters, *The Future of Governing* (University Press of Kansas, 2001); Mark Blyth, *Austerity: The History of a Dangerous Idea* (Oxford University Press, 2013).

Ipsos MORI の報告書から引用した調査データは、2012 年 10 月 22 日付の *New Accenture Report* に含まれている最新の発表内容によっている。その最新の発表内容によれば、「アクセンチュアは、オーストラリア、ブラジル、カナダ、フランス、ドイツ、インド、イタリア、シンガポール、英国、米国の 10 か国の 2025 年までの公共サービスに関する政府支出総額を見積もることをオックスフォード・エコノミクスに依頼した」<https://newsroom.accenture.com/subjects/research-surveys/future-demand-for-public-services-driven-by-an-aging-population-will-cost-the-us-government-an-additional-940-billion-by-2025-according-to-new-accenture-report.htm>.

British Governance: London (Routledge, 2003).

第7章　グローバリゼーションとネットワークガバナンスの登場

グローバリゼーションやネットワークガバナンスに関するしっかりした分析の概説については、次の文献が参考になる。Ali Farazmand, *Public Administration in a Global Context* (Routledge, 2015); Robert Agranoff, *Managing Within Networks: Adding Value to Public Organization* (Georgetown University Press, 2007), Stephen Goldsmith and William D. Eggers, *Governing by Network: The New Shape of the Public Sector* (Washington, DC: Brookings Institution Press, 2004).

また、次の文献もお薦めである。Christopher Reddick, *Public Administration and Information Technology* (Jones & Bartlett Publishers, 2011); Robert Behn, 'The challenge of evaluating m-government, e-government, and p-government: what should be compared with what?', in Victor Mayer-Schonberger and David Lazer (eds), *Governance in Information Technology: From Electronic Government to Information Government* (MIT Press, 2007), pp. 215–38; Victor Mayer-Schonberger and David Lazer (eds), *Governance in Information Technology: From Electronic Government to Information Government* (MIT Press, 2007); G. Grant and D. Chau, 'Developing a generic framework for e-Government', in G. Hunter and F. Tan (eds), *Advanced Topics in Global Information Management* (Idea Group, 2006), pp. 72–101; Patrick Dunleavy, Helen Margetts, Simon Bastow, and Jane Tinker, *Digital Era Governance: IT Corporations, The State, and E-Government* (Oxford University Press, 2006); Darell West, *Digital Government: Technology and Public Sector Performance* (Princeton University Press, 2005); Jane Fountain, *Building the Virtual State:*

で、第1部は2015年3月に、第2部は2015年4月に、第3部は2015年5月に出版された。

本章で示した「学習する組織の特徴」については、Gipsie B. Ranney の掲載許可を得ている。

Box 9 は次の文献に基づいて作成した。The W. Edward Deming Institute and W. Edward Deming, Out of the Crisis (MIT Press)〔W. エドワーズ・デミング（成沢俊子・漆嶋稔訳）『危機からの脱出』Ⅰ・Ⅱ、日経 BP、2022年〕。

<https//deming.org/theman/theories/fourteenpoints>。

Box 10 の出典は次の文献による。Robert B. Denhardt, Janet V. Denhardt, and Maria P. Aristigueta, *Managing Human Behavior in Public and Nonprofit Organizations* (Sage Publications, 2012).

この *Very Short Introduction* の視角や扱いやすさを考慮して、行政学研究に関係する多様な方法論のアプローチについて、一般的な議論をしっかりと提供するように努めてきた。行政官が特定の文脈において行う方法について行政官がいかに考え行動するのかを説明するために、注意深く構成された話に力点を置くアプローチが、これまでの10年間にわたる議論の中で牽引力を得てきた。「説明的」として知られる特定の意味に帰することを強調する「解釈主義」重視の方法論的な仕事を発展させる一群は、文化人類学から着想を得ている。この将来有望なエリアにおける業績は、「熟議の実践」や「体系的思考」、他の価値を重視する「ニュー・パブリック・サービス」のような語に属するさまざまな解釈や意味を研究し分析する際に、概念的正確さを改善するのに役立つ。行政やガバナンスへの「解釈主義」的アプローチを探求することを読者がより深く求めるならば、次の文献をお薦めしたい。Colin Hay, 'Interpreting Interpretivism Interpreting Interpretations: The New Hermeneutics of Public Administration', *Public Administration* 89(1) (March 2011), pp. 167–82 および、Mark Bevir and R. A. W. Rhodes, *Interpreting*

第６章　新しい行政の時代

市民参画、参加型の統治、協働的管理などに関する優れた議論については、次の文献が参考になる。Robert D. Putnam, *Bowling Alone: The Collapse and Revival of American Community* (Touchstone Books by Simon & Schuster, 2001)〔ロバート・D. パットナム（柴田康文訳）『孤独なボウリング―米国コミュニティの崩壊と再生―』柏書房、2006 年〕。

また、次の文献もお薦めである。Michael McGuire, *Collaborative Public Management: New Strategies for Local Governments* (Georgetown University Press, 2003) および、Eugene Bardach, *Getting Agencies to Work Together: The Practice and Theory of Managerial Craftsmanship* (Brookings Institution Press, 1998).

熟議の実践およびパブリック・バリューに関する見通しについては、次の文献が参考になる。Donald A. Schon, *The Reflective Practitioner: How Professionals Think in Action* (Basic Books, 1984) および、Mark Moore, *Creating Public Value: Strategic Management in Government* (Harvard University Press, 1995). 関連して、次の文献もまたお薦めである。Terry Cooper, *The Responsible Administrator: An Approach to Ethics for the Administrative Role*, 6th edn (Jossey-Bass, 2012).

「体系的思考」および「深遠なる知識」に関する深い洞察については、次の文献が参考になる。W. Edwards Deming, *The New Economics for Industry, Government and Education*, 2nd edn (MIT Press, 2000)〔W. エドワーズ・デミング（NTT データ通信品質管理研究会訳）『デミング博士の新経営システム論―産業・行政・教育のために―』エヌティティ出版、1996 年〕。Deming および「質的マネジメント」に関する読みやすく簡潔な概説については、*Lean Management Journal* に掲載された William J. Bellow 'Lessons from Deming: A Brief History of Quality' が参考になる。同論文は、３部構成した。Janet Denhardt and Robert Denhardt, *The New Public Service: Serving, Not Steering* (Routledge, 2015); Rosemary O'Leary and Lisa Bingham (eds), *The Collaborative Public Manager: New Ideas for the Twenty-first Century* (Georgetown University Press, 2008); Jan-Erik Lane, *New Public Management: An Introduction* (Routledge, 2002).

米国および諸外国の公共管理に関する比較分析について次の文献が参考になる。Siobhan O'Sullivan and Mark Considine, *Contracting-out Welfare Services: Comparing National Policy Designs for Unemployment Assistance* (John Wiley & Sons, 2015); Alison Griffith and Dorothy Smith, *Under New Public Management: Institutional Ethnographies of Changing Front-Line Work* (University of Toronto Press, 2014); Christopher Pollitt and Geert Bouckaert, *Public Management Reform: A Comparative Analysis*, 3rd edn (Oxford University Press, 2011)〔同書の第4版の翻訳書として、C. ポリット／G. ブカールト（縣公一郎・稲継裕昭訳）『行政改革の国際比較—NPMを超えて—』ミネルヴァ書房、2022年〕; Evan Ferlie, Kathleen McLaughlin, and Stephen Osborne (eds), *New Public Management: Current Trends and Future Prospects* (Routledge, 2005).

新自由主義的統治の概説については次の文献が参考になる。David Harvey, *A Brief History of Neoliberalism* (Oxford University Press, 2007). 本章における「新自由主義」に関するテキストボックスや他の情報については、Manfred B. Steger and Ravi K. Roy, *Neoliberalism: A Very Short Introduction* (Oxford University Press, 2010) における考察を要約して参照した。

Box 8の出典は、Rebert B. Denhardt, *Theories of Public Organization*, 5th ed. (Wadsworth, 2007) の中で引用されたDavid OsborneとTed Gaeblerの 'Reinventing government (1992)' を参照した。

参考図書

Mark R. Rutgers の論文 'Theory and Scope of Public Administration: An Introduction to the Study's Epistemology' <http://www.aspanet.org/public/aspadocs/par/fpa/fpa-theory-article.pdf>。また、次の文献もお薦めである。Herbert Simon, 'Reply to Waldo', *American Political Science Review*, 2 (1952), pp. 494–6 および、Dwight Waldo, 'Reply to Simon', *American Science Review*, 47 (1953), pp. 500–3.

Box 4 については、次の文献に部分的に頼っている。Michael M. Harmon の論文 'The Simon/Waldo Debate A Review And Update', *Public Administration Quarterly*, 12.1 (Winter 1989), pp. 437–451.

また、Box 4 については、Dwight Waldo の次の文献も参考にしている。*The Administrative State* (New York: Holmes and Meier, 2nd ed. 1948, 1984), p. 171〔D. ワルドー（山崎克明訳）『行政国家』九州大学出版会、1986 年〕 および、Waldo の論文 'Development Theory of Public Administration', *American Political Science Review*, 46 (1952): 97.

第5章　ニュー・パブリック・マネジメントが世界を駆ける

政治経済的問題に関する見通しについては次の文献が参考になる。Paul Posner, *The Politics of Unfunded Mandates: Whither Federalism?* (Georgetown University Press, 1998); Edward Gramlich, *A Guide to Cost-Benefit Analysis*, 2nd edn (Prentice-Hall, 1997); David Osborne and Ted Gaebler, *Reinventing Government: How the Entrepreneurial Spirit is Transforming the Public Sector* (Plume, 1993)〔デビッド・オズボーン／テッド・ゲーブラー（野村隆監修・高地高司訳）『行政革命』日本能率協会マネジメントセンター、2002 年〕。

公共管理に関するリーダーシップの面については次の文献に注目

エスタ・エスピン＝アンデルセン（岡沢憲芙・宮本太郎監訳）『福祉資本主義の三つの世界―比較福祉国家の理論と動態―』ミネルヴァ書房、2001年〕; Joseph A. Schumpeter, *Capitalism, Socialism and Democracy* (reprint) (Routledge, 2013)〔ヨーゼフ・シュンペーター（中山伊知郎・東畑精一訳）『資本主義・社会主義・民主主義』東洋経済新報者、1995年〕; Colin Hay and Daniel Wincott, *The Political Economy of European Welfare Capitalism* (21st Century Europe) (Palgrave Macmillan, 2012); Mark Rothstein, *The Social Democratic State: The Swedish Model and the Bureaucratic Problem of Social Reforms* (University of Pittsburgh Press, 1998); Gregory Luebbert, *Liberalism, Facism, or Social Democracy: Social Classes and the Political Origins of Regimes in Interwar Europe* (Oxford University Press, 1991).

Robert B. Reich による「資本主義の黄金時代（'golden age of capitalism'）」に関する引用は、*Supercapitalism: The Transformation of Business, Democracy, and Everyday Life* (Knopf, 2008), p. 17 からのものである。

Luther Gulick と Lyndall Urwick による POSDCORB という語の定義については、*Papers on the Science of Administration* (Routledge Press, 2004), p. 14 から直接引用した。

Waldo および Simon 論争に関するテキストボックスでは、行政の研究や実務をめぐる実証主義的な「自然科学に」基づくアプローチと規範的な価値重視のアプローチに焦点をあてた。この議論に関するより詳細かつ微妙な説明および、本章で扱わなかった他の重要なトピックに関するさらなる分析については、次の文献を読者にお薦めする。Michael M. Harmon の論文 'The Simon/Waldo Debate: A Review and Update', *Public Administration Quarterly*, 12(1) (Winter 1989), pp. 437–51 および、2010 年に *Public Administration Review* の特集「行政学の創設者」シリーズの中で登場した

theSitePK:286305,00.html

第4章　近代福祉国家の登場

世界の福祉国家の比較分析については次の文献が参考になる。Rognvaldur Hannesson, *Debt, Democracy and the Welfare State: Are Modern Democracies Living on Borrowed Time and Money?* (Palgrave Pivot, 2015) および、Eric S. Einhorn and John Logue, *Modern Welfare States: Scandinavian Politics and Policy in the Global Age*, 2nd edn (Praeger, 2003).

本章のトピックの現代への影響については次の文献が扱っている。Christopher Pierson, Francis G. Castles, and Ingela K. Naumann (eds), *The Welfare State Reader*, 3rd edn (Polity, 2013); Jacob S. Hacker, *The Divided Welfare State: The Battle over Public and Private Social Benefits in the United States* (Cambridge University Press, 2002).

本章では、次の文献からの洞察もまた参考にした。Stella Z. Theodoulou, *Policy and Politics in Six Nations: A Comparative Perspective on Policy Making* (Prentice Hall, 2002) および、Ravi K. Roy and Arthur T. Denzau, *Fiscal Policy Convergence from Reagan to Blair: The Left Veers Right* (Routledge, 2004).

現代福祉国家に関する経済的視点については次の文献が参考になる。Molly C. Michelmore, *Tax and Spend: The Welfare State, Tax Politics, and the Limits of American Liberalism* (University of Pennsylvania Press, 2011); Irwin Garfinkel, Lee Rainwater, and Tim Smeeding, *Wealth and Welfare States: Is America a Laggard or Leader?* (Oxford University Press, 2010); Neil Gilbert and Barbara Gilbert, *The Enabling State: Modern Welfare Capitalism in America* (Oxford University Press, 1989); Gosta Esping-Andersen, *The Three Worlds of Welfare Capitalism* (John Wiley & Sons, 2013)〔イ

◉179◉

政党政治と進歩主義については次の文献が詳しい。Glenn Hurowitz, *Fear and Courage in the Democratic Party* (Maisonneuve Press, 2007); Paul Waldman, *Being Right Is Not Enough: What Progressives Can Learn from Conservative Success* (Wiley, 2006); Peter Berkowitz, *Varieties of Progressivism in America* (Hoover Institution Press, 2004).

民主主義の未来に関する考察については次の文献がある。David B. Woolner and John M. Thompson (eds), *Progressivism in America: Past, Present, and Future* (Oxford University Press, 2015); Bob Pepperman Taylor, *Citizenship and Democratic Doubt: The Legacy of Progressive Thought* (University Press of Kansas, 2004), Jeffrey C. Isaac, *The Poverty of Progressivism: The Future of American Democracy in a Time of Liberal Decline* (Rowman & Littlefield Publishers, 2003).

本章における Peter Hennessy の引用は、2003 年 5 月の庶民院図書館の the Civil Service Research Paper 03/49 に掲載された Hennessy により 1999 年 7 月 8 日にハワーデン城で行われた築城記念日でのスピーチのものである。

Box 3 の出典は次の文献による。Ken Johnson, 'According to Max Weber: historical princeples', in 'Busting Bureaucracy', 16 March 2016 http://www.bustingbureaucracy.com/excerpts/weber.htm; Stella Z. Theodoulou and Christopher Kofinis, *The Art of the Game* (Wadsworth, 2004).

「4つの主要な行政の伝統」に関する読みやすい概説については、2000 年 12 月 4 日に公表された世界銀行のウェブサイトの「公共部門の管理とガバナンス」の項目で閲覧できる Guy Peter の論文が参考になる。http://web.worldbank.org/WBSITE/EXTERNAL/TOPICS/EXTPUBLICSECTORANDGOVERNANCE/0,,contentMDK:20134002-pagePK:210058-piPK:210062-

している。Alexander Hamilton, 'Federalist 70', in Alexander Hamilton, James Madison, and John Jay, *The Federalist Papers* (Dover Thrift Editions, Courier Corporation, 2014). James Madison, 'Federalist 10' in Alexander Hamilton, James Madison, and John Jay, *The Federalist Papers* (Dover Thrift Editions, Courier Corporation, 2014)〔A. ハミルトン・J. ジェイ・J. マディソン（斎藤眞・中野勝郎訳）『ザ・フェデラリスト』岩波文庫、1999年〕。

アメリカの「州の権限」に関するジェファーソン流の伝統とティー・パーティー運動の立場の関係性に関する補足的な背景については次の文献が参考になる。David Sehat, *The Jefferson Rule: How the Founding Father Became Infallible and Our Politics Inflexible* (Simon and Schuster, 2015).

人民主権と権限委譲の関係の深い理解については次の文献がお薦めである。Gerry Hassan, *Independence of the Scottish Mind: Elite Narratives, Public Spaces and Making of a Modern Nation* (Palgrave Macmillan, 2014) および、Michael Gardiner, *The Cultural Roots of British Devolution* (Edinburgh University Press, 2004).

ジェファーソンに関するヘンリー・アダムス（Henry Adams）の批評については次の彼の文献が参考になる。*History of the United States of America* (Antiquarian Press Ltd. 1962) (1889–1891) supra note 3, at 204.

第３章　世界における進歩主義的改革

進歩主義に関する補足的な視角として次の文献がお薦めである。Ronald J. Pestritto and William J. Atto, *American Progressivism: A Reader* (Lexington Books, 2008); Eldon Eisenach, *Social and Political Thought of American Progressivism* (Hackett Publishing Company, 2006); Woodrow Wilson, 'The Study of Administration', *Political Science Quarterly*, 2 (1888), pp. 197–222.

January 1, 1974, No. 50, p. 3 からである。

メルボルン市の人口推計については、John Dagge, 'Melbourne struggling as population booms to more than five million by 2025 and 6.5 million by 2050'. *Sunday Herald Sun*. March 25, 2012 12:00AM. <http://zincip.biz/2012/03/28/melbourne-struggling-as-population-booms-to-more-than-five-million-by-2025-and-6-5-million-by-2050-2/> 。

第2章　ウェストファリアからフィラデルフィアへの旅

ウェストファリアが縄張り意識や自治権、自己決定権の法的な原理を明確に定めた主権国家体系を創設した分水嶺かどうかに関する長い論争があった。行政の新しい学生を国家主権の概念や関連の概念に導く目的で、本章における大衆向けの歴史的な話を提供してきた。この複雑なテーマに関するより深い議論については、次の文献がお薦めである。Trudy Jacobsen and Charles Sampford, *Re-envisioning Sovereignty: The End of Westphalia?* (Ashgate Press, 2013) および、Stephen D. Krasner, *Sovereignty: Organized Hypocrisy* (Princeton University Press, 1999).

本章の文中に記したジェファーソン、ハミルトン、マディソンの伝統は次の文献に負っている。Donald Kettl, *The Transformation of Governance: Public Administration for the Twenty-First Century* (JHU Press, 2015).

人民主権に関する深い歴史的考察については次の文献がお薦めである。Larry Kramer, *The People Themselves: Popular Constitutionalism and Judicial Review* (Oxford University Press, 2004) および、Edmund S. Morgan, *Inventing the People: The Rise of Popular Sovereignty in England and America* (W. W. Norton & Company, 1989).

『ザ・フェデラリスト』に関する議論は次の文献から部分的に引用

Global Dimensions of Public Administration and Governance: A Comparative Voyage (John Wiley & Sons, 2015); J. A. Chandler, *Comparative Public Administration* (Routledge, 2014); Evan M. Berman, *Public Administration in East Asia: Mainland China, Japan, South Korea* (Taiwan CRC Press, 2010), Ali Farazmand, 'State tradition and public administration in Iran in ancient and modern times', in Ali Farazmand (ed.), *Handbook of Comparative and Development Public Administration* (Marcel Dekker, 1991); Georgije Ostrogorski, *History of the Byzantine State* (Rutgers University Press, 1969).

社会の前近代的なリーダーシップがとる選択肢については、Christopher Boehm, *Hierarchy in the Forest* (Harvard University Press, 1999) が参考になる。

John T. Harvey の引用は、フォーブズ（米国の経済雑誌、オンライン版）における彼の論文 'Why government should not be run like a business' からである。

http://www.forbes.com/sites/johntharvey/2012/10/05/govern 本章での Donald Kettl による引用は、The Worst Is Yet to Come: Lessons from September 11 and Hurricane Katrina (University of Pennsylvania, Fels Institute of Government: Research Service Report No, 05-01, 2005): www.unm.edu/-marivera/.../kettl--Katrina%20and%209-11.doc からである。

「ガバナンス」の語の定義に関する引用は、Laurence E. Lynn, Jr, Carolyn J. Heinrich, and Carolyn J. Hill, *Improving Governance: A New Logic for Empirical Research* (Georgetown University Press, 2001), p. 7 からである。

Herbert S. Lewis によるリーダーシップに関する引用は、Leaders and Followers: Some Anthropological Perspectives, Addison Wesley Module in Anthropology, Philippines: Addison-Wesley Publishing,

State: Culture, Rhetoric and Public Management (Oxford University Press, 1998); *George H. Frederickson, The Spirit of Public Administration* (Jossey-Bass, 1996).

政府の起源や働きに関する古典的な文献としては次のものがある。Frank Goodnow, *Politics and Administration: A Study in Government* (Classic Reprint)(Forgotten Books, 2012); Herbert Simon, *Administrative Behavior: A Study of Decision-Making Processes in Administrative Organization*, 3rd edn (Free Press, 1976).

公共政策の過程に関する影響力のある本として次のものがある。Daniel Mazmanian and Paul Sabatier, *Implementation and Public Policy* (University Press of America, 1989).

公共政策に関する非常に読みやすい概説書としては次のものが参考になる。Stella Z. Theodoulou and Chris Kofinis, *The Art of the Game: Understanding American Public Policy Making* (Wadsworth, 2004).

官僚制および公共管理に関するいくつかの重要な業績には次のものがある。James Q. Wilson, *Bureaucracy* (Basic Books, 1989); Guy B. Peters, *The Politics of Bureaucracy: An Introduction to Comparative Public Administration*, 6th edn (Routledge, 2009); Laurence E. Lynn, Jr and Sydney Stein, Jr, *Public Management: Old and New* (Routledge, 2006); Allison Graham and Philip Zelikow, *Essence of Decision: Explaining the Cuban Missile Crisis*, 2nd edn (Peason, 1999)〔グレアム・T・アリソン（宮里政玄訳）『決定の本質—キューバ・ミサイル危機の分析—』中央公論社、1977年〕; James Q. Wilson, *What Government Agencies Do and Why They Do It* (Basic Books, 1991); William A, Niskanen, Jr, *Bureaucracy and Representative Government* (Aldine, 1971).

グローバルな視野からの行政体系のしっかりした理解については次のものを推薦する。Jos Raadschelders and Eran Vigodn-Gadot,

参考図書

Very Short Introduction シリーズでの限られた紙幅の基準を守り、本書における簡潔な概説は、行政の分野と実践におけるいくつかの重要な限られた点に焦点を当てた。この入門書的な本の中で、非常に広範囲でダイナミックな主題と関連するトピックやアプローチ、概念のすべてを扱うことは意図していない。実際、行政の分野では、特定のトピックやアプローチを深く広く扱うすばらしいハンドブック、教科書、研究論文、研究者の出版物であふれている。この入門書的な話を書く際にもそれらの多くに非常に刺激を受けた。オックスフォードのベリー・ショート・イントロダクション・シリーズの一般的な形式を守り、直接的な引用は控えめにしてきた。そして、引用のほとんどについては全体を通してテキストボックスの中で言及してきた。本書で論じたトピックについて基本的な理解を得ることにより、読者はより発展的な書籍や論文に移る十分な準備ができることになる。

第１章　現代行政の全体像

行政の概念、理論、アプローチを概説するかなりの数のしっかりした教科書がある。この点で特に有力なのは次のものである。Jay M. Shafritz and J. Steven Ott, *Classics of Organization Theory*, 8th edn (Harcourt, 2015); Jay M. Shafritz and Albert C. Hyde, *Classics of Public Administration*, 7th edn (Wadsworth, 2011); Janet Denhardt and Robert Denhardt, *Public Administration: An Action Orientation*, 6th edn (Wadsworth Publishing, 2008); J, Steven Ott and Edward W. Russell, *Introduction to Public Administration: A Book of Readings* (Longman, 2001); Christopher Hood, *The Art of the*

【ワ行】

人名索引

事項索引

訳者紹介

石見　豊（いわみ・ゆたか）

1965 年　京都市生まれ

1990 年　明治大学大学院政治経済学研究科博士前期課程修了

1999 年　東北大学大学院情報科学研究科（政治情報学）博士課程退学

2002 年　博士（情報科学）〔東北大学〕

2005 年 9 月～ 2007 年 3 月　ケンブリッジ大学社会・政治学部で在外研究

2018 年 10 月～ 2019 年 3 月　ケンブリッジ大学政治・国際学部で在外研究

現　在　国士舘大学政経学部教授

〈主要著書〉

『戦後日本の地方分権―その論議を中心に―』北樹出版、2004 年

『英国の分権改革とリージョナリズム』芦書房、2012 年

『英国の地域政策』成文堂、2020 年

『新版　英国の地方自治―国・地域・自治体がつくるガバナンス―』（翻訳）芦書房、2021 年

著者紹介

ステラ・Z・セオドゥールー（Stella Z. Theodoulou）
カリフォルニア大学ノースリッジ校社会学部教授（政治学）
〈主要著書〉
Public Policy: The Essential Reading, 2nd edn(Pearson, 2012).
The Art of Game: Understanding American Public Policy Making (Wadsworth, 2003).

ラビ・K・ロイ（Ravi K. Roy）
南ユタ大学政治学部准教授（公共政策学）
The W. Edwards Deming 研究所フェロー
〈主要著書〉
Neoliberalism: A Very Short Introduction, 2nd edn(Oxford University Press, 2021).

行 政 入 門

■発　行――2024年10月10日初版第１刷

■著　者――ステラ・Z・セオドゥールー／ラビ・K・ロイ

■訳　者――石見　豊

■発行者――中山元春

■発行所――株式会社芦書房

〒101－0048東京都千代田区神田司町２－５
電話03－3293－0556　FAX03－3293－0557
http://www.ashi.co.jp

■印　刷――モリモト印刷

■製　本――モリモト印刷

ISBN978-4-7556-1336-4 C0031